최순실과 예산 도둑들

정창수 · 이승주 · 이상민 · 이왕재 공저

순실과
산 도둑들

정창수·이승주·이상민·이왕재 공저

답

김제동과
예산을
이야기하다

'최순실과 예산 도둑들'을 만들기 위해 방송인 김제동과
예산 전문가 정창수가 만났다. 서래마을의 한 카페에서
4시간 동안 진행된 만남에서 김제동은 일반인에게는 생소한
분야인 예산 분야에 대하여 단호하게 이야기를 풀어갔다.
주제는 최순실 게이트에 국한되지 않고 예산 전반과
사회문제까지 이어졌다.

창수 최순실 게이트로 온 나라가 시끄럽습니다. 특히 국가기관이 개입하여 법과 예산에 많은 문제를 일으킨 것으로 알려졌는데요.

이건 내란입니다

형법 제87조(내란) "국토를 참절하거나 국헌을 문란할 목적으로 폭동한 자는 다음의 구별에 의하여 처단한다."

제동 "이건 내란입니다. 헌법 제84조에 의하면 대통령은 내란과 외환의 죄를 범한 경우를 제외하고는 재직 중 형사상의 소추를 받지 아니한다." 그리고 구체적으로 형법 제87조(내란)의 항목에 보면 "국토를 참절하거나 국헌을 문란할 목적으로 폭동 한 자는 다음의 구별에 의하여 처단한다."라고 되어 있습니다. 헌법 기능을 마비시키고 국가기관이 기능하지 못하도록 전복한 셈이잖아요. 국토를 참절하고 국헌을 문란하게 한 중대한 범죄행위입니다. 더군다나 공공의 자산인 예산으로 집행되던 사업들이 이런 상황 때문에 피해를 보고 있습니다. 불똥이 튀어 선의의 피해자까지 생긴 거지요.

창수 이번 최순실 게이트를 어떻게 보시는지? 500군데가 넘는 VIP(대통령을 관료들이 부르는 말) 발언이 예산서에 등장합니다. 그리고 관료들은 예산을 편성하고, 그 예산 중 상당한 부분이 최순실 일당과 관련된 곳에 집행된 것으로 밝혀지고 있습니다. 이런 상황 속에서 저작권 등 제도적인 곳에도 촘촘히 관련 이익을 챙긴 정황이 나오고 있습니다. 차은택이 들어오는 날 시행규칙을 바꾸어서 재정 수입을 증가시키는 구조로 만들었습니다.

국가는 전통문화의 계승·발전과
민족문화의 창달에 노력하여야 한다

고유한 민족문화가 이익집단의
예산 먹거리가 되었습니다.

제동　　헌법 제9조에 보면 "국가는 전통문화의 계승·발전과 민족문화의 창달에 노력하여야 한다"고 되어 있습니다. 그런데 오히려 예산을 따내서 민족문화를 공유하기 어렵게 만들었습니다. 한마디로 고유한 민족문화가 이익집단의 예산 먹거리가 되었습니다. 물론 조직적이지만 대표적인 개인이 있는데요. 저는 명예훼손을 피하고자 최근 출간된 〈그럴 때 있으시죠〉라는 책에서 모 전 대통령을 (누굴까요) 방식으로 표현하기도 했습니다.

창수　　예산에는 모순이 많습니다. 예를 들면 국방예산 같은 것에서는 동맹인지 자주국방인지, 무기 구매인지 자체 개발인지, 무기 중심인지 병력 중심인지, 현역인지 예비역인지, 상호 보완되는 정책에서 선택해야 하는데 둘 다 늘리는 모순된 정책 때문에 예산이 효율적으로 편성되지 못하고 있습니다.

돈을 쓰는 방식도 문제다

예산을 아껴서 한 100조 만들어 '우리 모두를 행복하게 하는 예산' 이런 거 했으면 좋겠어요.

제동 한국이 미국의 무기 수입 1위라고 알고 있습니다. 우리가 사는 무기의 거의 90%라는데요. 이런 데 또 트럼프가 방위비 분담 증액까지 요구하고 있어요, 이건 너무한 것 아닙니까? 무기도 사주고 분담금도 올린다면 너무 억울하지요. 총액 기준으로 해서 어느 쪽을 늘리면 어느 쪽을 줄이는 것으로 해야 지요.

돈을 쓰는 방식도 문제입니다. 마사회 같은 곳이 정유라라는 개인을 위해 쓸 돈으로 차라리 사회적 배려 차원에서 말을 타볼 기회가 전혀 없는 사람들에게 기회를 주는 방식도 좋을 것 같아요. 300만 원씩 1만 명이 경험하는 프로그램을 하더라도 300억 원이면 충분합니다.

저출산도 마찬가지예요. 아이 낳고 키울 때 처음에 얼마나 돈이 많이 드는데요. 5년간 100조 원 지원한다 이런 이야기도 있습니다. 한 해 태어나는 아이들이 40만 명 정도입니다.

차라리 돌 때까지 1,000만 원씩 지원하는 방식도 생각해볼 수 있습니다. 그래 봐야 4조입니다. 충분히 생각해 볼 만하다고 생각합니다.

차별 관련한 것도 문제예요. 아이들 예방접종 대상과 예산을 줄였습니다. 그러자 병원에서 추가접종을 하는 아이들과 하지 못한 아이들이 주사 자국으로 구분되는 현상이 생겼답니다. 또한, 분유도 가격 차이가 너무 나서 문제가 되고 있어요. 차라리 분유값 차등금지 같은 걸 해야 하나 하는 생각까지 하게 됩니다. 애들 때부터 차별이 생기면 안 됩니다.

예산을 아껴서 한 100조 만들어 '우리 모두를 행복하게 하는 예산' 이런 거 했으면 좋겠어요. 만들 곳 쓸 곳 이런 대책을 만들어 말이죠. 다른 부분 예산과 복지에서도 일부 마련해서 '우리가 낸 돈 우리를 위해' 쓰자는 겁니다.

<u>창수</u>　　시민예산서 같은 것을 만들 필요가 있습니다. 타운홀 미팅 같은 것을 지역별, 주제별로 해서 시민들의 의견을 모아 '우리가 꿈꾸는 나라의 예산'을 만들어 보는 거죠. 그래서 대통령 선거를 할 때 제안을 해보는 것도 필요하다고 봅니다.

기본적인 소득을 보장해야 합니다
1만 원의 기본적인 소득 보장과 청년층에게
한시적인 지원이 필요하다

제동   제가 요즘 전국으로 돌아다니면서 〈만민공동회〉를 하고 있어요. 거기서 많은 이야기가 나옵니다. 예를 들면 전체 국민에게 기본적인 소득을 보장해 주자는 겁니다. 현재 6,030원 최저임금인데 레스토랑 같은 데서 6,500원 정도 받는답니다. 여기에 4천 원 지원해서 만 원 정도로 하는 거예요. 기본적인 소득을 보장해 주는 거죠. 명세서 가지고 가면 정부에서 주는 거죠. 제가 그 친구들한테 물어보니 그 정도만 해도 너무 행복해질 것 같데요.

또 하나는 청년층에게 한시적으로 지원해주는 겁니다. 일본을 보니 인구 구조상 시간이 지나면 해결되기도 한답니다. 지금 청년들이 그야말로 특수한 시간대의 특수 계층인 거죠. 그때까지가 고통인 거죠. 이것을 20세에서 35세까지 해주는 거죠. 한시적으로 3년 정도여도 됩니다. 그리고 자격증 같은 것 딴다고 한달에 몇백만 원씩 엄청난 돈을 쓰고 있어요. 이런 것도 보조해 줄 수 있는 거죠.

창수   ODA(공적개발원조)도 문제가 많습니다. 코리아에이드 사업이나 K밀 같은 사업은 외교행낭을 이용했다는 말까지 있습니다. 예산이 부족하자 다른 사업에서 이유를 붙여 변용해서 쓰기도 했습니다. 소비자체험사업이나 샘플 운송비 같은 것도 다른 곳에서 진행하던 것을 미르재단에 지원해서 사용한 것입니다.

제동   저도 미얀마에 종교분쟁이 일어난 곳의 아이들에게 지원하고 있습니다. 몇천만 원 수준인데도 그곳에서는 정말 고마워해요. 그런데 ODA로 2조 7천 억 원이나 쓰는데 너무 구멍이 많고 효과에 대해서도 비판이 많습니다. 퇴직 교원들 해외에 보내는 그런 사업이 있습니다. 그 돈을 청년지원에 연동해서 사용한다면 얼마나 많은 청년이 새로운 희망을 찾겠습니까.

창수 이번 최순실 게이트를 보면 재단을 이용하는 노하우가 많이 축적되어 있습니다. 육영재단이나 한국문화재단 같은 곳에서 경험을 했고요. 그게 미르재단이나 K스포츠 같은 방식으로 진행하게 된 계기로 보입니다. 예산 저수지를 늘리는 방법도 발전했습니다. 체육예산의 대부분이 토토복권에서 나옵니다. 그런데 불법 토토가 84조에요. 그래서 사행도박 단속을 강화하니까 이게 토토복권의 예산 증가로 이어집니다. 또한, 판매소를 2천 개 늘려서 수입을 증대시킵니다.

제동 국가기관을 장악해서 활용하고, 기능을 무력화시키는 거죠. 이게 내란이라니까요. (웃음)

창수 토토복권 발행회사를 결정하는 데도 과도한 개입을 해서 6개월이나 발행되지 못하게 한 적도 있습니다. 결국, 피해까지 끼친 거죠.
문화는 콘텐츠진흥원이 허브 역할을 했습니다. 체육은 제도까지 바꾸었고요. 프로구단 경기장을 지자체의 손에서 구단으로 사실상 완전히 이전했고, 기간도 공유재산법을 개정하여 20년을 50년으로 이미 늘렸고 앞으로 100년까지 가능하게 할 예정입니다. 또한, 체육시설관리 표준 조례안을 만들어 민영화나 민간위탁 후 지자체가 수리보수까지 해주는 것으로 해놓았습니다. 한마디로 예산을 어떻게 지속 가능하게 가져갈지를 너무 잘 알고 활용한 거죠.

이렇게 해놓고 K토토빙상단이나 배드민턴 같은 프로구단을 만들 계획이었습니다. 또한 강릉빙상경기장 같은 곳은 해체하기로 되어있었는데 다시 사용하는 것으로 바꾸고 프로구단이 활용하려고 했고요. 이외에도 K스포츠클럽과 K스포츠타운 등 관련 예산사업을 만들고 있었습니다. 그들이 이야기한 스포츠산업은 예산으로 움직이는 산업이었던 겁니다.

<u>제동</u>　　그건 제가 삼성 장내 아나운서를 해서 좀 알고 있습니다. (웃음)

<u>창수</u>　　이외에도 융복합 사업은 건물 지어주고 운영권까지 재단에 주는 시스템이었습니다. 해외문화홍보원도 운영상황을 파악하기 힘든 책임운영기관이라는 특수성을 활용해서 체험관 등의 사업을 했고요. 대통령 순방 때 즉석에서 결정하기도 했습니다. TV조선에서 보도한 최순실 기획안과 놀랍도록 유사하고요, 차은택이 문화융성위원으로 들어가 제안한 내용도 상당 부분 반영되었습니다. 이 과정에서 문체부 제2차관실은 체육은 물론 종교와 관광까지 업무를 가져오게 됩니다.

예산의 전과정에
국민이 참여하게 해야 합니다
일종의 '유쾌한 예산' 같은 것도 생각해 볼 수 있습니다.

<u>제동</u>　정말 촘촘히 관여하고 기획했네요. 저는 이런 문제를 해결하기 위해서는 예산편성 과정까지 국민이 관여할 수 있게 해야 한다고 봅니다. 결과에 대한 것, 수입, 어디에 집행했는지 등을 모두 알게 하고 참여하게 해야지요. 예산편성, 심의, 집행 결산 등 예산의 라이프 사이클에 촘촘히 관여하는 것이 필요하다고 봅니다. 영국 국회가 매주 총리가 출석하는 토론회를 하는 것처럼 대통령은 국민과 끊임없이 대화하고 반영해야 합니다. 발상의 전환을 해야 합니다. 예를 들면 정속 주행을 하면 인센티브를 준다든지 하는 일종의 '유쾌한 예산' 같은 것도 생각해 볼 수 있죠. 예전에 양심냉장고나 느낌표 했던 것처럼요.

헌법 30조에 "타인의 범죄행위로 인하여 생명신체에 대한 피해를 입은 국민은 법률이 정하는 바에 의하여 국가로부터 구조를 받을 수 있다."고 되어 있습니다. 담배에서 나오는 돈은 아이들에게 혹은 폐암 환자에게 간다든가 해야 합니다. 의사상자나 범죄 피해자들에게도 충분한 지원이 있어야 합니다. 그래야 사람들이 국가가 왜 있어야 하는지 느끼게 되지요.

헌법이 바뀐다면 이렇게 되어야 합니다. '입법권은 국회에 속한다'가 아니고 '입법권은 국민에 속하고 국회가 행한다'라고 해야 하고요. '예산편성과 심의는 정부와 국회가 한다'가 아니고 '국민에게 있고 정부와 국회가 행한다'라고 해야지요. 그래서 스위스처럼 정책투표도 하는 거지요.

이것을 법으로 하는 것이 아니라 헌법에 명시해서 헌법정신으로 규정해야 합니다. 헌법 26조에 나와 있는 것처럼 '모든 국민은 법률이 정하는 바에 의해서 문서로 청원할 권리'를 가지고, '국가는 이에 대하여 심사할 의무를' 가지고 있습니다. 따라서 우리는 말할 수 있고 정부는 답하도록 해야 합니다.

대한민국 예산,
도둑들의 먹이가 되다

사람들이 넋을 잃었다. 한숨이 분노가 되었다. 우리의
모든 것이 부정당하는 느낌이다. 법과 질서, 공정성,
상식이 무너져버렸다. 우리들의 무관심 속에 소중한
것들이 사라져 버렸다. 아니 정확히 말하면 도둑맞고
있었다.

"그런데 내 세금은?
어디로 갔지, 도대체 누가
가져간 거지"

우리의 소중한 것 그 중에서도 세금에 주목했다. 그것을
쓸 때는 예산이라 부른다. 우리의 재산이다. 우리가
그것을 대리인들인 정치인과 관료들에게 맡겼다. 그런데
머슴 혹은 고용된 그들이 주인 노릇을 하며, 마음대로
가져간다, 우리는 그것을 법적으로는 횡령이라 부르고
마음속으로는 도둑맞았다고 표현한다. 그러면 가져간
그들은 도둑들이리라.

그런데 이번에는 도둑의 모습이 더 독특하다. 그래도

절차를 거친 정치인과 관료들은 일단 위임받은 것이므로
주인 행세가 가능했다. 문제는 우리가 몰랐던 어떤
도둑들이 있었고, 한술 더 떠서 조직적으로 작전을 세워
움직였다는 것이다. 그들은 어떤 면에서 더 유능했다.
과거 정권만 하더라도 4대강이니 녹색성장이니 하면서
새로운 사업을 벌여 예산을 그들과 관련된 사람들
쪽으로 유도했다. 하지만 최순실 일당은 달랐다. 기존
사업에서 가져가는 예산시스템을 활용하는 방식이었다.
따라서 많은 사람이 알게 되기까지 시간이 더 필요했다.

최순실은 왜
대통령의 연설문을
써 주었을까?

대통령의 연설문은 곧 정책이고 예산이다. 따라서
최순실은 연설문을 써주는 글쓰기 봉사를 한 것이
아니다. 예산을 훔치기 위해 하는 중요한 기획 행위였다.
예산사업 기획서를 써 준 것이다.

예산을 훔치는 방식도 시스템을 활용한 것이다.
누군가(?) 기획하면 대통령이 공식 석상에서 그 내용을
발언한다. 그러면 관료들이 VIP 발언이라고 강조된
표시를 해서 예산을 올린다. 그러면 재정부가 예산을
깎기는커녕 오히려 늘려주기도 한다.

이렇게 된 데는 정(정치인), 관(관료), 재(재벌, 이익집단)의 삼각 동맹이 강고한 카르텔을 맺고 있기 때문이다. 그들이 예산 구조를 지배하고 있다. 이러한 오래된 삼각 동맹에 최순실이라는 감독이 등장한 것이다. 이들의 삼각동맹은 정부 예산을 훑어보면 금방 알 수 있다. 21세기에 여전히 70년대 정부주도 개발연대식 예산이 곳곳에 보인다. 최순실이 사라져도 국민 세금이 삼각동맹의 먹잇감으로 전락하는 일은 언제든지 발생할 수 있는 구조인 것이다.

나라 곳간까지 털어먹은 최순실

그런데 박근혜 정부의 중점 예산은 문화예산과 미래창조 예산이었다. 특히 아무것도 하지 않고 있다는 비난에도 불구하고 박근혜 정권은 대선 공약으로 예산액의 2%를 문화예산으로 편성하겠다고 했고, 2017년에도 복지예산보다 높은 증가율로 문화예산을 편성했다.

최순실 예산은 문화체육 부분에서 대거 등장한다. 특히 주목할 만한 점은 이명박 정권 때까지는 4대강 같은 새로운 예산을 편성해서 예산사업을 진행했는데, 최순실 측은 기존 사업 내용을 변경하고 심사위원회를 바꾸고 관료를 교체해 가면서 이러한 일을 추진했다는 점이다. 예산의 시스템을 영리하게 활용한 것이다.

도둑들은
어떤 사람들인가?

첫째, 정치인들이다. 정치는 예산 구조의 문제를
오히려 악화시켰다. 이번 예산서의 특징 중 하나는
예산 설명서에 VIP(대통령을 지칭)라는 항목이 546개나
발견되었다는 점이다. 이는 관료들이 대통령의
지시사항을 핑계 삼아 본인들의 사업을 지키거나 더
나아가 만들어 냈다는 것을 보여준다.

둘째, 관료들이다. 신규예산이 매우 적다는 점이다.
매년 신규 예산은 1%에 불과하다. 대부분 기존에 하던
사업이다. 변화를 꺼리는 관료적 질서가 지배하는 예산
구조다.

셋째, 재벌과 이익집단이다. 개발 연대 예산 구조의
존속이다. 예산구조가 변화가 거의 없다 보니 과거 개발
연대의 예산 구조가 그대로 존속되고 있다. 개발연대
예산구조란 개발연대 시절의 지출구조 즉, 경제투자
중심의 예산 구조를 말한다.

우리 정부가 외양간이라면 외양간의 구멍들에서 정부의
예산이 새고 있다. 도둑들이 출몰하는 곳은 제도적인
훔칠 장소, 즉 예산 기생충(계층)들이 구조적으로 만들어
놓은 곳들이다. 1,300여 개가 넘는 조직이 예산으로

먹고사는 기생 계층을 형성하고 있다. 이번 최순실
게이트에도 콘텐츠진흥원 등 많은 산하기관이나
이익집단들이 관계되어 있다.

**우리가 낸 돈, 우리가 지키고,
우리에게 쓰여야 한다.**

첫째는 투명성이다. 운용에 관한 정보가 투명하게
공개되어야 한다. 각종 예산사업의 내용과 주체 결정
과정이 투명하게 공개되지 않았기 때문에 이러한 사태에
이르고서야 문제를 인식하게 된 것이다. 소수의 관료와
정치인 이외에는 알지도 못하고 개입할 수도 없었기
때문이다. 절대권력은 절대 부패하게 되는 법이다.
따라서 투명성이 정부개혁의 첫걸음이다.

둘째, 책임성이다. 예산은 관료의 책임으로 편성된다.
하지만 사실상 권력의 영향력 하에서 운영되었다는
것이 백일하에 드러났다. 하루아침에 관료가 교체되고
해임되는 사태는 시스템의 부재를 적나라하게 보여준다.
아무런 권한도 없고 따라서 아무도 책임지지 않는다.
관료의 권한과 책임을 동시에 강화해야 한다. 납세자
소송을 도입하여 예산을 낭비한 사람에게도 책임을
물어야 한다.

셋째, 시민참여의 확대를 위한 제도 개선이 필요하다.

현재 국민은 말 못 할 모멸과 자괴감에 빠져있다. 하지만 이렇게 된 데에는 자초한 측면은 없는지 반성해야 한다. 예산의 소비자로서 머물러 사태를 수수방관한 것은 아닐까? 따라서 시민들부터 적극적으로 전체 운용 및 결정 과정에 참여하여 예산의 소비자가 아니라 지속 가능한 발전을 위한 수문장의 역할을 해야 한다. 시민단체들도 꾸준히 노력하고 있다. 참여연대, 나라살림연구소, 환경운동연합, 복지국가소사이어티 등 시민단체들은 10월 20일 나라 예산토론회 등에서 150건 3조 원에 달하는 낭비 사업의 감액을 요구하기도 했다.

이러한 상황에서 예산 자체에 회의론도 생길 수 있다. 하지만 예산은 잘 못 쓰면 부패의 독소이지만 잘 쓰면 사회를 위한 영양분이고 소중한 투자 재원이다. 공공성을 확보하는 예산이 없다면 문제들은 더욱 악화될 뿐이다. 다시는 이런 일이 재발하지 않으려면 지금의 위기를 기회로 삼아야 할 것이다.

박근혜 대통령의 탄핵소추안이 국회를 통과했다. 하지만 박근혜 정부가 사라져도 그들이 만든 예산은 살아있다. 이제 시작이다.

제1부

불법 사설 정부,
대한민국 예산을
접수하다

분노 :
최순실 사태
어떤 의미인가

청와대는
사실상 최순실-박근혜의
불법 사설 정부 운영을
위한 위장막

갱 영화를 보면 가끔 나오는 장면이 있다. 술집으로 위장한 곳에서 암호를 대고 비밀 접선을 한다. 사실 그 술집은 술집이 본업이 아니다. 술집은 그냥 위장막일 뿐이고 실상은 범죄조직이 마약을 거래하는 장소일 뿐이다.

최순실-박근혜의 국정 농단 사건이 벌어졌다. 온갖 불법과 비리가 쏟아져 나온다. 그러나 불법의 정도가 문제가 아니다. 청와대라는 거대 조직을 잘못 운영해서 용납되지 못할 수준의 불법이 발생했다는 의미가 아니다. 헌법이 허용한 대통령이라는 정당한 권력은 그냥 위장막일 뿐이라는 사실이 밝혀진 것이다. 국무회의도, 청와대 수석회의 같은 공식적인 회의도 위장막이었다. 실상은 최순실-박근혜가 사적으로 국정을 농단하는 장소에 불과했다.

박명림 교수는 이를 '불법 사설 정부'라고 표현했다. 박 교수는 "헌법이 허용한 '공식 정부' 외에 불법적인 '사설 정부'를 운영했다. 기괴한 사적 관계를 갖는 사인과 대통령이 함께 이끈 사설 정부는 국법과 공공기구 위에 군림하며 체계적으로 국가 조직을 파괴하고, 사적으로 국가 인사와 정책을 좌우하며, 천문학적 예산을 도둑질했다." "불법 사설 정부는 정부 예산, 공공 프로젝트, 개별 기업과 재단을 막론하고 국가의 모든 부문에 달라붙어 사익을 위해 국가 핵심 정보를 빼내고 예산을 갈취하기에 바빴다. 그들은 교육과 문화, 체육과 재계, 기업과 관료, 청와대를 헤집으며 숱한 영역과 기구와 학교들을 쑥대밭으로 만들었다. 공공 윤리·기밀 체계·문서 보안·대통령 동선과 일정·경호 등 근본 체계와 규정은 무너졌다. 합법적 공적 정부 조직은 외려 불법적 사설 조직의 침투와 감시를 받았다."고 일갈하였다.

다나카 요시키의 소설 〈은하영웅전설〉에서 양 웬리는 "정치가의 부정축재는 개인의 부패에 지나지 않는다. 정치가가 부정한 방법으로 돈을 받아도 이를 비판하지 못한다면 그것이 정치의 부패다."라고 표현한 바 있다.

마찬가지로 최순실-박근혜가 불법 사설 정부를 통해 합법 정부를 마비시키고 국가조직을 파괴하려 한 것은 최순실-박근혜 개인의 문제. 그러나 이러한 엽기적인 시도를 걸러내지 못한 국가 시스템이 더 큰 문제다. 국가의 정상적 업무 프로세스가 이를 일차적으로 막았어야 했다. 그러나 미르재단 법인설립 허가는 신청한 지 단 하루 만에 나왔다. 법인설립 허가 이전에 이미 등기 신청이 이뤄졌다. 그리고 등기 완료보다도 현판식은 먼저였다. 홍해의 물길을 가르듯, 온갖 승인 절차는 역순으로 진행되고 물길을 내어주는 기적을 행한다.

한국관광공사는 예산 승인 전에 건물을 리모델링하고 문화 창조 벤처 단지를 조성한다. 25억 원의 예산사업에 갑자기 관광진흥기금에서 146억 원을 더 끌어와도 깐깐한 기재부는 승인한다. 박근혜 대통령은 리커창 중국 총리와 만나서 뜬금 없이 2,000억 원 한중 공동 문화펀드 구성을 제안한다. 원래 예산에도 없던 K밀 사업이 아프리카에서 수행된다. 차은택

후임으로 왔던 여명숙 창조경제추진단장은 한 달 만에 경질되고 최순실 딸인 정유라는 출석도 없이 '달그닥 달그닥 훅'이라는 보고서만으로 이대에서 학점을 받는다. 이러한 기묘한 일들이 정상적인 행정 시스템을 통해 걸러지지 못했다는 사실은 대단히 충격적이다.

만일 행정 시스템이 일차적으로 막지 못했다면 사정 기관, 감사기관이 이를 이차적으로 막는 것이 정상이다. 그러나 사정기관조차 제 역할을 못했다. 조응천 전 공직기강비서관은 내부 감찰 중 사실상 사퇴를 강요 받았고, 국정원장, 검찰총장 내정전에 최순실의 확인을 거쳤다고 한다. 사정기관이 인사권자의 눈치만 보고 있고, 내부고발자가 보호받지 못한다면 제 역할을 할 수 없다.

**스핑크스 수수께끼보다 풀기 어렵다던 창조경제,
실상은 예산 빼먹는 비밀 작전명**

정치학자 래리 다이아몬드(L. Diamond)는 민주주의의 핵심 첫 번째는 선거로 정부를 선택하고 교체하는 정치 시스템이라고 했다. 거꾸로 말하면 정부는 국민의 선거를 통해 선택되어야 한다는 의미겠다. 선거를 통해 선택되지 않은 '불법 사설 정부'가 실질적으로 이 나라를 통치했다. 민주주의의 첫 번째 핵심이 무너졌다.

'무찌르자 공산당' 노래를 부르면서 '북진통일'을 외쳤던 그 시절에 북한 정부를 가리키는 가장 험악한 말은 '북괴'였다. '북한 괴뢰집단'이라는 의미다. 괴뢰라는 말은 꼭두각시, 즉, 조정자에 따라 움직이는 아무 생각 없는 인형을 뜻한다. 북한 정부는 주체성, 도덕성 모두 결여된 능력 없는 집단이며 공산주의 야욕만을 목적으로 하는 소련의 지시를 무비판적으로 따른다는 의미다. 즉, '북한 괴뢰집단'은 북한 정권의 정당성을 송두리째 부정할 수 있는 강력한 표현으로 사용되었다.

그런데 국정원 선거개입을 통해 탄생한 공식적인 박근혜 정부는 사실상 '괴뢰정부'일 뿐이었다. 단순한 연설문 수정을 넘어 안보, 외교, 통일, 인사 등 국정 전반을 불법 사설 정부가 도맡아서 했다. 최순실-박근혜 불법 사설 정부는(이제부터 최순실 일당이라고 칭한다.) '괴뢰정부'를 이용하여 국가의 권력을 농단하고 사적 이익을 채웠다. 정부의 공식적인 정치적 용어는 사실 최순실 일당이 국가의 예산을 빼먹기 위한 '코드명'에 불과하다는 사실이 밝혀졌다.

박근혜 정부가 초기부터 외친 창조경제의 정체가 밝혀졌다. '스핑크스 수수께끼'보다도 풀기 어렵다는 '창조경제'의 의미는 사실 최순실 일당이 국가의 예산을 빼먹는 '열려라 참깨'와 같은 코드명이었다. 박근혜 정부가 공식적으로 내세운 '문화', '창조', '융합'이라는 알 듯 모를 듯한 단어들도 모두 비밀작전의 코드명이었으니, 그 비밀작전을 수행하는 사람을 제외하고는 모르는 것이 정상이었다. 2013년 6,843억 원이 쓰인 체육진흥기금이 왜 2017년 예산안에는 무려 130%나 폭증하여 1조 5,993억 원이 되었을까. 공식적인 자료를 통해서 해석되지 않았던 여러 가지 비밀들이 하나씩 풀리고 있다.

이것이 끝이 아니다. 최순실 일당은 문화창조벤처단지, 한식문화체험관 같은 암호로 '열려라 참깨'를 외치고 예산의 보물창고에 들어가 금은보화를 지고 나오는 것에 만족하지 못했다. 최순실 일당의 최종 목표는 항구적으로 예산을 빼먹을 수 있는 파이프라인을 건설하는 것이다. 그리고 이미 파이프라인을 건설은 '홍해의 기적' 속에 완료되었다. 그리고 그 파이프라인 건설 비용조차도 본인이 지출하지 않았다. 재벌들을 동원하여 파이프라인을 건설했다.

최순실 일당은 박근혜 괴뢰정부 퇴임 이후에도 미르재단, K스포츠재단이라는 파이프라인을 건설하여 정부 예산을 지속해서 유용하고자 했다. 문화평론가 이재현은 이를 '개쩐다'라고까지 표현했다. 이제 무엇을, 어떻게, 누가, 얼마나 국가의 예산을 가져갔는지 구체적으로 밝혀보고자 한다.

개쩐다

'대단하다' '굉장하다' 등의 뜻으로 젊은 사람들이
감탄할 때 쓰는 말이며 '개쩔다'의 현재형이다. 긍정적인
쪽이나 부정적인 쪽 모두에서 쓰이는데, 좀 더 구어적인
활용형으로는 '개쩌네'가 있다. 동사 어근인 '쩔다'는
'절어 있다'에서 생겨난 것으로 보인다.
…

나는 '개쩌네'야말로 '박근혜-최순실 게이트'와 그로
인한 한국의 국가 시스템 붕괴 상황을 한마디로 쉽게
표현할 수 있는 단어라고 여긴다. 아버지-무당에 이어
딸-무당에게 대통령이 놀아난 것은 개쩐다. 청와대의
비서들과 정부의 장·차관들이 비선 실세인 무당에게
굽신거리면서 국가 기밀과 정부 예산을 예사로 갖다
바친 것도 개쩐다. '떡검'들이 여전히 우병우를 황제로
대우하는 것도 개쩐다. 새누리당의 친박들이 버티고
있는 것도 개쩐다. 박근혜를 지지하는 사람이 5%나
된다는 것도 개쩐다. 하지만 조금 더 생각해보면, 현재의
이러한 국가 시스템 붕괴 상황에 대해서, 그 원인이
박근혜와 최순실에게 있다고 간주해버리고 마는 것도
역시 개쩌는 일이다. 개쩌는 박근혜를 대통령으로 뽑은
것은 우리 국민 자신이기 때문이다.

...

우선, 나는 나 자신에 대해서 공개적으로 반성한다. 나는 지난번 대선에서 투표를 포기했다. 어차피 박근혜가 될 것이라고 예상했던 데다가, 더 나아가서 '박정희 환상'을 깨뜨리기 위해서는 박근혜의 집권과 실정을 거치는 게 불가피하다고 보았다. 하지만 그것은 개쩌는 판단이었다. 지금 그 대가가 개-개-개-개쩐다.

...

무엇을 :
국가예산을, 그리고
민주주의와
사회적 자본을

한 해
국가 지출금액
400조 원,

1인당 800만 원
서비스 받아야

한 해 국가가 지출하는 총 나라 살림 금액은 400조 원이다. 사실 금액이 너무 커지면 현실감이 떨어지게 된다. 초등학교 시절 〈사회과부도〉 책으로 했던 게임이 기억나는지. 문제를 내는 사람은 지도에 나온 지명 중에 하나를 선택하여 말한다. 선택된 지명을 지도에서 재빠르게 찾아내면 승리하는 게임이다. 보통 지도 어디 구석에 있는 가장 조그만 글씨를 선택해서 승률을 높이곤 한다. 그러나 지도 찾기 게임에서 승리할 수 있는 의외의 비법이 있다.

'유   라   시   아'

유럽 대륙에서부터 동아시아 지역까지 '유라시아'라고 쓰인 가장 큰 글씨가 있다. 그러나 이 글씨는 너무 크게 쓰여 있어 작은 글씨만 찾다가는 오히려 가장 놓치기 쉽다.

400원의 은행 수수료를 아끼는 방법을 찾고, 4,000원의 커피 한 잔을 공짜로 먹고자 쿠폰 모으는 것에는 힘쓴다. 그러나 보통 400조 원의 예산 서비스를 받고자 얼마나 많은 관심을 가지고 어떤 노력을 하고 있을까?

국가가 400조 원을 지출한다는 의미는 400조 원어치의 서비스를 국민에 제공한다는 의미다. 400조 원이 너무 큰 숫자여서 감이 잘 안 오면 1인당 금액을 생각해 보자.

우리나라 5,000만 명 인구로 나누어 보면 1인당 800만 원이다. 3인 가족이면 우리 가정에 매년 2,400만 원어치 서비스가 제공되어야 한다. 통계청에 따르면 우리나라 임금근로자약 절반이 월급이 200만 원 미만이라고 한다. 즉 연봉으로따지면 2,400만 원 미만의 돈을 벌고자 아침부터 나가서 자신의 꿈과 젊음을 놔두고 돌아온다. 2,400만 원의 돈은 자신의 꿈을 희생할 만큼 소중한 돈이다. 그런데 자신의 꿈과 맞바꿀 만큼의 기회비용을 지닌 2,400만 원과 동일한 서비스를 국가예산 사업에서 받고 있을까?

우리가 받아야 할 2,400만 원의 당연한 권리를 충분히 받지못하게 되는 이유는 최순실 일당이 우리에게 돌아와야 할 예산 서비스를 편취하기 때문이다. 그런데 더 큰 문제는 겨우㈜ 1조 4천억 원의 예산을 최순실 일당이 개입해서 가져가려고 했다는 것이 아니다.

민주주의라는 비싼 자물쇠를 훼손하고 가져간 돈

보물이 가득 들어있는 예산 창고가 있다. 이 창고에는 고가의 자물쇠가 몇 중으로 달려 있다. 고가의 자물쇠를 부수자니 좀 아까운 생각이 들 수도 있겠다. 예산 창고 안에서 비싼보물을 꺼낸다 하더라도 실제 장물 시장에서 팔면 얼마 안된다. 과연 10조 원짜리 자물쇠를 부셔서 2조 원을 가지고 나올 필요가 있을까? 2조 원의 장물을 팔아도 불과 몇천만 원 밖에 벌지 못한다 하더라도?

최순실 일당은 자물쇠를 부수고 가지고 나왔다. 왜? 자물쇠 는 어차피 내 것이 아니다. 자물쇠가 부수어져도 손해 보는 사람은 자물쇠 주인이지 최순실 일당이 아니다.

최순실 일당은 자신들이 가져간 돈보다 훨씬 많은 '사회적 자본'을 부수고 우리에게서 뺏어 갔다. 민주주의, 신뢰, 절차 적 정당성 등등의 고가의 자물쇠를 부수고 그 안에 있는 보 물을 가져갔다. 그리고 그 보물을 장물 시장에 파는 과정에 서도 엄청난 비효율이 발생했다.

K밀 사업이 있다. 미르재단이 이화여대와의 산학협력 사업 으로 쌀과자를 만들더니 이후에 농림축산식품부에 K밀 사업 이 생겨났다. 해외원조(ODA) 사업을 한다며 아프리카에서 현 지인 입맛에 맞지 않는 쌀로 만든 음식을 준다. 의료봉사라 며 초음파 태아감별을 해주는 황당한 사업을 한다. 왜 이렇 게 급조된 황당한 사업을 ODA라는 명목으로 진행했을까? 미르재단이 K밀 사업을 통해 돈 몇 푼 벌기 위해 황당한 정 책 사업이 만들어졌다. 그리고 미르재단이 K밀 사업을 통해 가져간 돈 몇 푼보다 이런 황당한 사업 자체에 투자되는 비 용이 더 큰 문제인 것이다.

'창조경제'라는 모호한 단어에 대한민국의 전략적 목표를 걸었다. 그러나 노벨경제학상을 받은 토머스 사전트(T. Sargent) 교수는 허튼소리(bullshit)라며 욕할 뿐이다. 대한민국에서 무엇인지 아는 사람이 아무도 없다는 창조경제가 왜 계속 진행되고 있을까? 혹시 이것도 불법 사설 정부를 위한 사업 아닐까? 국가의 정책적 목표에 따른 찬반양론은 있을 수 있다. 그러나 이러한 정책적 목표가 최순실 일당의 사적 이익을 위해 만들어지고 존재했다는 사실은 용납될 수 없는 일이다.

시인 김수영은 "50원짜리 갈비가 기름 덩어리만 나왔다고 분개하고 / 옹졸하게 분개하고 설렁탕집 돼지 같은 주인년한테 욕을 하고"한다며 사소한 일에만 분노하는 소시민을 돌아봤다. 그런데 400조 원의 국가 서비스가 제대로 집행되고 분노하는 일보다 더 큰일은 없다. 분노를 건설적인 에너지로 전환해야 한다. 이제는 최순실 일당이 가져간 수 백조 원의 사회적 자본을 다시 회복하는데, 신경을 써야 할 때다.

어떻게 :
최순실 사태
사건
총정리

모든 일은 최순실의 딸 사랑으로부터 시작했다. 최순실은 자신의 딸 정유라를 세계적인 승마선수로 키우고자 했다. 정유라는 승마특기생으로 이화여대에 입학했다. 정유라의 특혜 입학과 성적은 이대생을 비롯한 모든 국민의 공분을 샀다. 정유라의 이대 부정입학은 최순실 게이트가 열리는 촉발점이 되었다. 결국, 정유라의 이대 입학은 부정입학임이 밝혀져 취소되었다.

정유라는 2014년 인천아시안게임 국가대표 선발전에서 치명적인 실수를 했다. 하지만 국가대표로 선발되는 데에는 아무런 지장이 없었다. 정유라는 아시안게임 마장마술 단체전에서 다른 선수들의 도움으로 금메달을 얻게 된다.

이후 대한승마협회는 정유라 '승마 공주 만들기'에 앞장섰다. 2014년 회장사가 한화에서 삼성으로 바뀌었다. 2015년 대한승마협회는 '대한승마협회 중장기 로드맵'을 작성한다. 총예산 규모는 608억 1천만 원이었다. 2020년 도쿄올림픽을 대비해 유망 승마선수들을 독일에서 훈련하겠다는 계획이었다. 정유라 씨 종목인 마장마술에 삼성이 최대 186억 원을 지원한다는 내용이 포함되어 있었다. 이 계획은 실행되지는 못했다.

대신 삼성은 최순실 소유의 비덱 스포츠의 독일 계좌로 35억 원을 송금한다. 이 돈은 정유라가 10억 원 이상의 말을 구입하고, 7억 원 상당의 호텔을 구입하는 데에 쓰였다.

최순실 일당은 정유라 승마 공주 만들기에 삼성 돈을 끌어오는 데에 성공했다. 삼성은 무엇을 대가로 이 돈을 최순실 일당에게 줘야 했을까?

정유라 훈련에 예산 '1,000억' 편성

올림픽 유망주들에게 600억 원을 지원한다는 명목으로 대한승마협회는 '중장기 로드맵'을 추진했다. 최순실 씨의 딸 정유라 씨를 특혜 지원하려던 게 아니냐는 의혹이 있다. 이 로드맵을 최초로 작성한 게 승마협회가 아니라 한국마사회라는 의혹이 불거졌다. 현명관 전 마사회 회장은 2016년 국회 국정감사에서 사실이 아니라고 부인했다. 하지만 검찰에 소환된 승마협회 김모 전무는 "마사회가 로드맵 초안을 작성했고, 당초 1,000억 원을 예산으로 편성했다"고 진술했다.[1]

삼성, 대통령 독대 직후 180억 후원 자청

정유라 씨 특혜 지원 의혹이 제기된 대한승마협회의 '중장기 로드맵'에는 정 씨의 주 종목인 마장마술에 대해 협회 회장사인 삼성에 후원을 요청하겠다고 돼 있다. 검찰에 따르면 삼성 측은 로드맵 발표 전 이미 186억 원 후원을 약정했다. 승마협회가 로드맵을 발표한 것은 2015년 10월이었다. 2015년 8월쯤 삼성의 계열사가 협회에 186억 후원 공문을 보냈다. 후원

조건으로 종목과 선수단 구성을 결정하게 해달라는
내용을 제시했다. 승마협회 핵심 간부는 검찰에서 "협회
회장이었던 박상진 삼성전자 사장과 조율을 거쳤다"고
진술했다. 삼성이 이렇게 후원을 자청한 시기는 박근혜
대통령과 이재용 삼성 부회장이 독대한 직후이다. [2]

"삼성, 독일에서만 280억 지원 계획"

베르트 쿠이퍼스 독일 헤센주 승마협회 경영부문 대표는
삼성이 독일에서만 2천 200만 유로, 우리 돈 약 280억
원을 지원하기로 돼 있었다고 말했다. 선수들의 전지
훈련 비용 외에도 최순실 씨가 계획하던 스포츠센터
건립 자금도 삼성이 대기로 했다는 것이다. 삼성은
35억 원을 독일의 최 씨 회사 비덱스포츠로 직접
보냈고, 전지훈련 비용 등으로 186억 원을 2020년까지
지원하는 계획을 세웠다. 쿠이퍼스 씨는 당시 최순실 씨
측으로부터 삼성이 노조 문제 협력과 연구비 등의 정부
지원을 약속받고, 최 씨 측에게 자금을 지원하기로 한
것으로 들었다고 말했다. [3]

삼성이 독일로 보낸 35억,
최순실 딸 名馬 구입·관리에 쓰였다

삼성전자는 작년 9~10월 최순실·정유라 모녀 소유의
스포츠 컨설팅 회사인 코레(Core)스포츠와 명마(名馬)
구입 및 관리, 말 이동을 위한 특수차량 대여, 현지 대회
참가 지원 등을 위한 10개월짜리 컨설팅 계약을 맺었다.

컨설팅 비용은 280만 유로였다. 2020년 도쿄올림픽 승마 유망주를 육성하는 사업에 지원했다고 삼성은 설명했다. 이 중 그랑프리 대회 우승마(馬) '비타나V'를 사는 데 10억 원이 쓰였다. 독일에서 훈련한 유망주는 정유라씨 뿐이었다. 35억 원이라는 거액이 사실상 정씨 한 사람을 위해 지원된 것이다. [4]

**모나미 대표, 27억 개인 빚까지 내면서
정유라 승마장 구입**

모나미의 송하경 대표는 2016년 5월 28억 원을 지불하고 독일 엠스데텐의 '루돌프 자일링거' 승마장을 매입했다. 이 승마장은 정유라 씨가 승마를 연습하는 공간으로 지목된 곳이다. 송 대표는 루돌프 자일링거 승마단 인수를 위해 국내 A은행으로부터 개인 신용 담보를 받고 독일 은행으로부터 27억 7,500만 원을 대출했었다. 나머지 2,500만 원은 모나미 계열사인 티펙스 명의로 지출했다.
2016년 1월 모나미는 삼성과 99억 원 규모의 '2018년 평창 동계올림픽 포괄 렌털 계약'을 체결했다. 평창올림픽에 사용될 자금 중 일부가 모나미를 거쳐 최씨 일가에 사용된 구도가 형성됐다는 의혹이 불거지고 있다. [5]

**차은택, 700억 원 규모
과천 경마장 테마파크 사업에도 관여 정황**

마사회가 700억 원을 들여 경마장 내에 조성한 테마파크 '위니월드'의 설계와 컨텐츠 제작 및 설치 그리고 운영 용역 모두 차은택 씨와 직·간접적으로 연관된 회사가 따냈다. 110억 원 규모의 설계와 컨텐츠 제작 사업은 차 씨와 거래해온 C사가 최종 낙찰됐다. C사는 차 씨가 한국관 영상감독을 맡았던 2015년 밀라노 엑스포에서 전시 감독을 했다. 차 씨가 문화창조융합본부장일 때는 문화창조벤처단지의 한식문화관 조성용역을 수행했다. 테마파크의 운영사로 어메이징월드앤컴퍼니가 지정되었다. 이 회사는 2014년까지 사업 실적이 아예 없던 회사이다. 연간 380억 원의 매출이 예상되는 알짜 사업을 수의계약으로 따냈다.[6]

2   차은택 주연 '문화예산 약탈 작전'

차은택은 문화계의 황태자로 불렸다. 박근혜 정부에서 그의 손을 통하면 안 될 일이 없었기 때문이다. 2000년대 차은택은 드라마 형식 뮤직비디오로 최고의 감독으로 인정받았다. 2000년대 말 아이돌 가수의 출연으로 그의 시도는 낡은 것이 되었다. 차은택은 내리막을 걸었다. 그는 최순실을 만나면서 극적으로 부활했다. 그가 한 강연에서 말한 대로라면 완전히 산에서 내려갈 것인지 다시 올라갈 것인지의 갈림길에서 최순실을 만난 것이다. 그는 다시 올라가는 것을 선택했다.

차은택은 최순실을 통해 자신의 은사 김종덕을 문화부 장관으로, 동료였던 송성각을 콘텐츠진흥원장으로, 외삼촌 김상률을 청와대 교육문화수석으로 만들었다. 자신은 박근혜 정부의 핵심 국정과제인 창조경제추진단장 겸 문화창조융합본부장을 맡았다.

정작 차은택이 관심을 기울였던 것은 이 힘을 이용해 자신의 이권을 챙기고 화수분이 될 미르재단을 만드는 것이었다.

차은택이 추천한 송성각 콘텐츠진흥원장은 자신이 대외 담당 임원으로 근무했던 회사에 45억 원짜리 연구용역을 맡겼다. 그리고 그 회사의 법인카드를 자신의 유흥비로 사용했다. 검찰은 송성각을 뇌물수수죄로 기소했다.

콘텐츠진흥원, 송성각 취임 뒤

'최순실·차은택 예산' 급증

2016년 콘텐츠진흥원에 편성된 예산총액은 3,007억 5,900만 원. 이는 2,157억 5,200만원이 배정됐던 2015년보다 39.4% 증가한 수치이다. 예산이 크게 늘어난 사업은 '문화콘텐츠산업 진흥환경 조성'과 '문화콘텐츠산업 육성' 분야이다. 특히 '문화콘텐츠산업 진흥환경 조성'에 차씨가 주도했던 '문화창조융합벨트 구축' 예산이 760억 6,000만 원 새로 배정되었다.

최순실과 차은택이 내부적으로 직접 문화융성 예산안을 직접 만들고 검토한 것으로 드러났다. 문건에 기재된

사업 가운데 '문화창조센터 건립'은 정부의 지원 아래
'문화창조융합벨트 구축'으로 확대돼 현재 전국적인
사업으로 진행되고 있다. 이 부분이 콘텐츠진흥원의
신규 예산과 겹친다. [7]

청와대 지시로 차은택 총괄 사업에 145억 밀어줬나

한국관광공사는 서울 청계천에 있는 사옥을 한류문화
확산과 관광 활성화의 거점으로 만들겠다며 2014년부터
'케이(K)-스타일 허브 구축' 사업을 추진해왔다.
예산이 26억 원에 불과했던 이 사업은 2015년 4월
당시 차은택 문화창조융합단장이 사실상 총괄하는
문화창조벤처단지 조성사업이 추가되면서 2015년
6월과 9월 두차례 예산 증액을 통해 171억 원짜리
사업이 되었다. 기획재정부는 문화체육관광부가
관광진흥개발기금을 통한 예산 증액을 요청하자 하루
만에 증액 변경을 승인했다. 청와대 문화체육비서관은
2015년 7월 2일 한식문화체험시설에 대해 '콘셉트
변경'을 지시했다. 당시는 차은택 씨의 외삼촌인
김상률 교수가 교육문화수석으로 있을 때이다.
차은택이 본부장으로 있던 문화창조융합본부는
한식문화체험시설을 확대하는 것으로 계획을 변경했다.
융합본부가 문체부에 계획 변경을 보고한 뒤 사흘 만에
기재부는 20억 원의 예산 증액을 승인했다. [8]

차은택, 자기 회사에 행사 대행 용역 맡겨

차은택은 HS애드를 2014년 한아세안 특별 정상회담 만찬 및 문화행사의 행사대행 용역업체로 선정했다. 용역 중 동영상 제작 부분을 엔박스에디트에 맡기도록 했다. 엔박스에디트는 차은택이 차명으로 운용하고 있는 회사다. HS애드는 영상물제작 용역비 명목으로 합계 2억8,600만원을 (주)엔박스에디트에 지급했다. 차은택은 공무원의 직무에 속한 사항의 알선에 관하여 이익을 수수한 혐의로 기소되었다.

차은택 뮤지컬에 '억대' 긴급 지원

2014년 전 '문화가 있는 날'에 박근혜 대통령이 관람하며 화제가 됐던 '원데이'뮤지컬은 차은택 감독이 연출한 작품이다. 박근혜 대통령으로부터 극찬을 받았다. 대통령의 칭찬뿐만 아니라 정부로부터 지원을 받은 것이 밝혀졌다. 지원금 신청 13일 만이자 공연을 불과 엿새 앞둔 시점에 문체부가 국고 1억 7,000여만 원을 지원했다. 하지만 공연은 계속되지 못하고 그날 공연 단 한 번으로 끝났다.

차은택 '대부' 송성각 콘텐츠진흥원장의 '셀프 수주'

송성각은 자신이 대외협력 임원으로 근무한 적이 있는 머큐리포스트에 한국콘텐츠진흥원에서 공모한 '동계 스포츠 공연 연출을 위한 빙상 경기장 빙판 디스플레이 기술 개발(3년간 지원금 총 45억 원)' 연구과제에 응모하도록 하고, 2015년 5월 경 수행업체로 최종 선정되게 했다.

송성각은 머큐리포스트의 법인카드로 자신의 생활비 등 개인용도로 3,700여만 원을 쓴 혐의로 기소되었다.

3 　김종 주연의 "스포츠 분야 약탈 작전"

2013년 문화체육관광부 차관이 된 김종 전 차관은 "체육계의 대통령"으로 불린다. 최순실이 작성한 살생부에 따라 승마협회를 정리한 것으로 알려졌다. 또한, 정유라 씨의 승부조작 혐의를 부인하는 기자회견을 했다. 체육계에서 최순실의 든든한 지원군의 역할을 한 것이다.

김종은 K-스포츠재단 설립에도 깊이 간여했다. 그는 K-스포츠재단과 역할이 겹치는 체육인재육성재단 해산을 주도했다.

김종은 최순실의 조카인 장시호 씨가 운영하는 한국동계스포츠영재센터에 삼성전자가 16억여 원을 후원하도록 강요한 혐의로 검찰이 기소하였다. 김종은 한국동계스포츠영재센터에 문체부 예산 6억 7,000만 원을 배정했다. 또한, 그는 문체부 산하 공기업 그랜드코리아레저(GKL)의 장애인 펜싱팀 대행업체로 최 씨의 더블루K가 선정되도록 압력을 넣은 혐의도 받고 있다.

K스포츠 국제행사 진행 맡은 '더스포츠엠'

'더스포츠엠'은 최순실의 조카 장시호가 세운

스포츠 매니지먼트 회사이다.

2016년 3월 서울 강남구에 사무실을 내고 6개월간 운영하다가 9월 말 폐업했다. 최순실 씨가 사실상 소유한 K스포츠재단이 주최하고 문화체육관광부(이하 문체부), 대한체육회 등이 후원한 '가이드 러너 콘퍼런스'의 행사를 진행했다. 당시 신생업체가 국제 스포츠 행사 진행 계약을 성사해 논란이 일기도 했다. 특히 이 과정에서 문체부가 K스포츠재단, 더스포츠엠을 대신해 대한체육회에 행사 후원을 요청하는 공문을 발송한 사실이 드러나 '특혜 논란'이 더 커졌다.[9]

崔, 체육관 220개 세워 예산 노렸다

최순실이 전국 220곳에 스포츠 센터(K스포츠클럽)를 짓고 그 운영권을 거머쥐려한 정황이 드러났다. K 스포츠재단 핵심 인사는 전국에 (스포츠센터를) 일단 동시다발적으로 5개, 내후년까지 22개까지 늘리고 2020년까지 220개 늘린다는 계획을 가지고 있었다고 증언했다.[10]

최순실은 특히 전국 220개 스포츠센터 운영 수익금 전부를 자신의 개인 회사인 더블루K로 빼돌리려 했던 것으로 전해졌다. 초기 실행 비용은 K스포츠재단에서, 스포츠센터 건립 비용은 대기업에서, 운영 비용은 스포츠 영재 육성을 빌미로 정부에서 지원받은 뒤 센터 운영권을 쥔 더블루K를 통해 수익금을 가져가려 했던 것이다. 또한 최순실은 자신이 운영하는 카페 테스타로사를 전국 220곳에 건립하려 했던

'K스포츠클럽'에 입점시켜 독점 영업을 하려 했던 것으로 알려졌다.

국고 3억 투입 영재 육성, 장시호 개인 학원처럼 운영

최순실의 조카 장시호씨가 설립한 한국동계스포츠영재센터가 훈련비 명목으로 이미 3억 원 가까운 국가예산을 가져다 썼는데도 문화체육관광부는 그 돈이 어떻게 쓰였는지 파악도 못하고 있는 것으로 나타났다.[11]

4   평창올림픽에 드리운 최순실의 그림자

평창올림픽은 최순실 일당의 포기할 수 없는 먹잇감이었다. 비인기 종목인 동계스포츠를 육성하기 위해서는 정부와 재단의 지원이 절대적으로 필요했다. 동계스포츠 육성을 명분으로 최순실 일당의 진격은 시작되었다. 최순실의 조카 장시호는 2015년 6월 한국동계스포츠영재센터를 설립하고 본격적인 활동에 들어간다. 영재센터 설립 과정을 목격한 한 사람은 최순실이 세운 여러 법인이 노린 것은 바로 '평창동계올림픽'. 무려 13조가 투입되는 국가 행사의 이권을 따기 위한 전초 작업이었다는 증언했다. 최순실은 K-스포츠 재단을 고객사로 둔 더블루K의 실질적 소유주이다. 더블루K는 누블리의 한국 대행사로, 누블리를 동계올림픽 주 경기장 건설에 참여시키려고 했다.

올림픽 경기장 건설에도 '崔의 손'

당초 올림픽이 끝나면 워터파크 등으로 활용하려 했지만, 2014년 5월, 문화체육관광부가 돌연 공사비 절감을 강조하며 임시 구조물로 경기장을 짓고 올림픽 뒤 철거하도록 설계 변경을 지시했다. 그러나 정작 설계 변경의 근거가 된 '공사비 절감 계획 보고서'는 그로부터 다섯 달 뒤에나 만들어졌다. 특히 당시 보고서를 만든 문체부 자문교수 4명은 모두 경기장 건설 전문가가 아닌 것으로 확인되었다. 문체부 관계자는 "당시 설계 변경 때 스위스의 임시 구조물 전문 업체인 '누슬리사'의 연구 용역 자료를 적극 검토하게끔 했다"고 말했다. 누슬리사는 최순실 씨의 개인 회사인 더블루K와 업무 제휴를 맺은 업체이다. [12]

최순실, 패럴림픽도 손대

문화체육관광부 내부 문건에 따르면, 사실상 최순실 씨가 설립한 것으로 알려진 K스포츠재단은 지난 3월 문체부를 통해 '가이드 러너(시각장애인 동행 파트너)육성을 위한 교육·연수' 지원금 5억 원을 타내려고 시도했다. 문건에는 이 사업의 목적이 '2018 평창동계패럴림픽 성공 개최를 위한 가이드 러너 육성'이라고 적혀 있다. [13]

평창올림픽 "제일기획 출신이 제일기획을 개폐회식 대행사로 선정"

올림픽의 꽃이라 할 수 있는 개회식과 폐회식을 실제로

연출할 대행사 선정도 의혹에 휩싸였다. 삼성그룹 산하 제일기획 출신들이 제일기획을 662억 원 규모의 개폐회식 대행사로 선정했다는 폭로가 나왔기 때문이다. 평창 조직위원회에서 개폐회식 대행사 선정 작업을 총괄하고 있는 사람은 의식행사부장 A 씨다. A 씨는 제일기획에서 18년간 근무하며 국장까지 지낸 인물로 평창 동계올림픽 유치에 성공하자 조직위에서 개폐회식 업무를 담당하고 있다. 현재 조직위에서 A 씨의 직속 부하로 근무하는 2명도 제일기획에서 온 사람들이다. 평창 조직위는 제일기획 컨소시엄과 대행사 계약을 체결했다. 결과만 놓고 보면 제일기획 출신들이 제일기획을 대행사로 선정하는데 관여한 것이다.[14]

평창올림픽 빌미 '45억 사업권' 따냈다

문체부는 지난해 콘텐츠진흥원을 통해 평창올림픽의 성공적 개최를 위해서라며 공연용 LED 조명 기술 개발을 공모했다. 문체부 예산 45억 원 규모의 사업을 따낸 곳은 송성각 전 콘텐츠진흥원장이 대표로 재직했던 머큐리포스트가 포함된 컨소시엄이다. 서면평가에서 2위를 차지했던 이 컨소시엄은 약 열흘 뒤 진행된 발표 평가에서 결과를 뒤집었고 게다가 머큐리포스트는 최순실의 최측근인 차은택의 페이퍼컴퍼니와 주소가 같다.[15]

누슬리 시설공사 수주

최순실 씨가 실제 소유한 더블루K가 3,000억 원에 달하는 평창올림픽 시설공사 사업 수주에 나섰던 것으로 확인됐다. 여기에 청와대와 정부 고위 인사가 지원사격하고, 박근혜 대통령이 참석한 회의에서까지 관련 내용이 언급됐다는 증언이 나왔다.

더블루K는 지난 1월 12일 설립 직후인 1월 중순경 스위스의 스포츠시설 전문건설회사인 누슬리(Nussli)에 접촉, 평창올림픽 시설공사 수주를 위한 협력을 제안했다. 안종범 전 수석과 김종 전 차관을 동원해 평창올림픽 사업 영향력을 과시, 스포츠 시설 관련 기술을 보유한 누슬리를 파트너로 끌어들이고 이를 바탕으로 평창올림픽 시설공사를 수주해 이권을 챙기려 했다고 관계자들은 보고 있다. 더블루K가 누슬리와 사업 협력 관계를 맺은 후 청와대와 정부가 노골적으로 누슬리를 밀었다는 정황도 발견된다. 문화체육관광부가 평창올림픽 조직위원회 측에 공사비용 절감을 핑계로 누슬리를 추천한 것으로 알려졌다. [16]

최순실 측, 평창올림픽 이권 개입
제동 걸자 '찍어내기' 정황

2016년 5월 당시 김종덕 문화체육관광부 장관이 조양호 한진그룹 회장에게 "2018 평창동계올림픽 대회 조직위원장에서 물러나라"고 통보했다. 문체부는 조 회장이 사퇴를 발표하자 6시간 뒤 기다렸다는 듯 이희범 전 산업자원부 장관을 후임 조직위원장으로 내정했다.

조 위원장이 주먹구구식 사업 예산 결재 안 해줘 미운털이 박혔다는 증언이 나왔다.

평창 올림픽 경기장 관중석과 부속시설을 만드는 3,000억 원대 '오버레이 사업'을 스위스 전문 건설회사 누슬리에 맡기자고 조직위에 제안한 사람도 김 장관이었다. 이후 문체부도 박근혜 대통령의 회의 발언이라며 누슬리를 검토해보라는 의견을 조직위에 전달한 것으로 알려졌다. 누슬리가 한국 영업권을 더블루K에 주는 회의에 안종범 당시 청와대 경제수석과 김종 문체부 2차관이 참석했다는 의혹이 불거졌다.[17]

5 최순실과 의사들

최순실 게이트에서 가장 '핫'한 주제는 바로 '약물'이다. 최순실에게 의사들이 많이 있었고, 그 의사들은 곧 박근혜 대통령의 의사이기도 했다. 최순실의 의사들은 '어의'가 되는 영광을 누리기도 했지만, 동시에 박근혜 정부로부터 금전적, 제도적 혜택을 받기도 했다. 그것이 치료의 대가인지 침묵의 대가인지는 모르겠지만.

최순실은 차병원 계열사인 차움 병원의 단골 환자였다. 박근혜 대통령을 후보 시절부터 이 병원에 다니도록 했다. 차움 병원의 최순실 담당의 김성만 씨는 청와대에 직접 가서 대통령을 진료했다.

김영재 성형외과는 최순실의 또 다른 단골 병원이었다. 이 병원 김영재 원장의 부인이 경영하는 의료기기 업체에 정부의 연구개발비가 지원되었다.

의료법인 부대사업 범위 확대를 통한 차병원 특혜

2013년 12월 정부가 발표한 '제4차 투자 활성화 대책'에는 비영리법인인 병원이 영리를 목적으로 하는 영리자법인을 설립할 수 있도록 허용하고, 의료법인 부대사업 범위를 확대하며, 원격의료를 허용하는 등 전면적인 의료영리화 정책들을 추진하겠다고 밝혔다. 2010년 11월 문을 연 차움은 병원(비영리법인)으로서 영리행위를 할 수 없었기 때문에 의료법인인 성광의료재단이 병원 운영을 하고, 수익사업인 프리미엄 건강관리(뷰티·헬스 등)는 차바이오텍을 통해서 운영하는 편법적 방식이었다. 정부가 규제완화를 통해 의료 기관의 영리형 부대사업을 허가하기 전부터 이미 차움은 우회적으로 영리행위를 하고 있었지만, 박근혜 정부의 투자 활성화 대책에 포함된 '영리자법인 설립 허용과 병원 부대사업 범위 확대'를 통해 차병원 그룹이 사실상 자법인을 통한 영리병원 형태로 운영될 수 있는 제도적 특혜를 제공받은 것이다.[18]

차바이오텍, 황우석 사태 이후 7년 만에 재개된 줄기세포 연구 특혜

최근 보건복지부는 황우석 사태 이후 금지되어 왔던

'체세포 복제 배아줄기세포 연구'를 7년 만에 재개하여 차병원 그룹의 차의과대학에 '조건부 승인'하는 특혜조치를 결정했다. 보건복지부의 연구 승인 대상기관은 차의과대학이지만 세포치료제 연구개발 및 제대혈 보관사업을 하는 차바이오텍이 결과적 수혜자라고 볼 수 있다. 동 연구 승인 이후 차바이오텍은 2016년 9월 '무릎관절 연골결손 줄기세포 치료제'에 대한 임상 1상 진입을 승인받았다. 연구 승인이 올해 4월 21일 청와대에서 열린 '바이오 산업생태계, 탄소자원화 발전전략보고회'와 '제33차 국가과학기술자문회'에서 유전자 치료 연구범위 제한을 없애기로 한 이후, 5월 개최된 제5차 규제개혁장관회의 '바이오헬스케어 규제 혁신'에서 줄기세포치료제 개발 시 배아 사용 요건 개선 방침 이후 나왔다는 점에서 규제완화의 수혜를 차병원그룹이 누리는 것이라고 볼 수 있다.[19]

분당 차병원의 연구중심병원 선정으로

정부 예산 지원 등 각종 혜택

연구중심병원 육성사업은 사업목적이 '글로벌 수준의 연구역량 확보 및 사업화 성과 창출'을 위해 '산·학·연·병 협력하에 지속적 수익 창출이 가능한 R&D 비즈니스 모델 개발'을 지원하는 대표적인 의료산업화 사업이다. 분당 차병원은 2016년 4차 지정병원으로 선정되어 '첨단 융합형 세포치료제 개발을 위한 개방형 R&BD 비즈니스 플랫폼 구축 및 확산' 연구과제를 통해

2016년부터 2024년까지 192억 원을 지원받았다. 보건복지부는 분당 차병원이 연구중심병원 지정 후 2014년 5월 차 바이오 콤플렉스를 개원하고, 분당 차병원과 차의과대학, 차바이오텍, CMG제약, 차백신연구소 등과 원스텝 공동연구 및 산업화 촉진 시스템을 구축했다고 평가하고, 분당차병원은 글로벌 임상시험 수탁 업체인 PAREXEL과의 초기 임상시험 협약을 체결(15년 7월, 5년 협력 계약)을 통해 글로벌 임상시험 협력 시스템을 구축했다고 밝히고 있다.

결국 이 지원 사업을 통해 차병원그룹은 차바이오텍, CMG제약, 차백신연구소와 임상 시험수탁업을 하는 계열사 서울CRO에게까지 수혜를 받게 된 것이다. [20]

차병원 계열사에 1,500억 원 규모의 '글로벌 헬스케어 펀드' 운용사 선정 특혜

보건복지부는 2015년 6월 국내 의료시스템 수출 및 제약, 바이오, 의료기기, 화장품 등 보건의료산업의 해외시장 진출과 산업 경쟁력 강화를 목적으로 글로벌 헬스케어 펀드를 조성하기로 결정한 후, 2015년 7월 운용사 선정을 추진했다. 그런데 '글로벌 헬스케어 펀드' 운용사 선정과 관련해서 보건복지부는 2015년 7월 7일 보도자료에서 '펀드 운용사 선정은 보건의료분야의 전문성 및 운영성과, 해외 투자 기관과 협력 네트워크 등을 종합적으로 판단하여 최종 1개 운용사를 선발'한다고 발표했다. 이는 결국 의료기관과 각종 의료산업체를 보유하고 미국에 병원을 설립 운영 중인 차병원그룹 계열사인 솔리더스 인베스트먼트가 유리할 수밖에 없는 것이었다. 2016년 1월 25일 1,500억 원을 조성 완료한 '글로벌 헬스케어 펀드'는 2016년 9월 7일까지 두 개의 제약기업에 모두 200억 원을 투자한 상태이다. 펀드 조성 이후 2016년 7월 20일 보건복지부 산하 보건산업진흥원과 KB 인베스트먼트, 솔리더스 인베스트먼트가 공동으로 주최한 국내 최대 규모 '글로벌 헬스케어 펀드 포럼'이 분당 차바이오 컴플렉스에서 개최된 바 있다. [21]

**차바이오텍, 유전자 검사 제도 규제완화 및
기증제대혈은행 지정 등 특혜 조치**

박근혜 정부는 2015년 11월 6일 제4차 규제개혁 장관회의에서 '바이오헬스산업 규제개혁 및 활성화 방안'을 발표하였는데, 당시 규제완화 내용 중에는 '차세대 염기서열 분석 허용'과 '배아·태아 대상 유전자 검사 항목 확대'를 담은 유전자검사제도 개선이 포함되었다. 결과적으로 유전자 검사와 관련한 규제완화 조치가 차병원 그룹에만 해당하는 것은 아니라 하더라도 차병원그룹의 핵심 지배회사인 차바이오텍의 제대혈은행 등 사업에 많은 혜택을 부여한 것은 명백한 사실이다. 가족 제대혈 은행 중심의 우리나라 제대혈 은행 시스템 개선을 위해 기증제대혈 확대를 위해 기증제대혈 은행의 추가적 지정이 필요하다며 2014년

2월 추가적으로 기증제대혈은행을 지정하였는데, 이때 차병원 기증제대혈 은행이 지정되었으며, 이렇게 지정된 기증제대혈은행들에 대한 정부 지원은 2016년 한 해에만 22억 5,200만 원이다. [22]

차병원그룹, 임상시험 육성정책 및 규제완화로 인한 특혜

박근혜 정부는 2015년 8월 세계 5대 임상시험 강국 도약을 위해 '임상시험 통합정보시스템 및 네트워크 구축, 임상시험 유치를 위한 규제완화, 임상시험 건강보험 확대' 등을 골자로 한 '임상시험 글로벌 강화 방안'을 발표했다. 차병원그룹은 차바이오텍 계열사로 서울CRO를 보유하고 있는데, 임상시험 규제완화로 임상시험이 증가함으로써 임상시험 수탁업체인 서울CRO는 큰 혜택을 입었다. 실제 2013년 607건이던 임상시험 승인현황은 2015년 675건으로 늘어나고 있는 추세이다. 정부가 조성하여 차병원 계열사인 솔리더스 인베스트먼트가 운용사로 참여하고 있는 '글로벌 헬스케어 펀드'에 CRO 기업을 포함시킴으로써 해외 진출을 위한 자본 투자 지원도 가능하도록 했다. [23]

제한적 의료기술평가 제도 도입, 분당 차병원 수혜

보건복지부는 2014년 4월 보도자료를 통해 '대체기술 없는 질환 또는 희귀질환에 대하여 제한적 의료기술평가 제도'를 도입한다고 발표했다. 신의료기술로 인정받기 위해서는 한국보건의료연구원의 신의료기술평가를 통과해야 한다. 그런데 대체기술 없는 질환 또는 희귀질환 치료라는 명분으로 효과성이 입증되지 않은 신의료기술에 대해 신의료기술로 최종 인정되기 전에도 일부 의료기관에 한하여 예외적으로 진료를 할 수 있도록 규제를 완화한 것이다. 그러나 이 발표 이후 의료계에서는 효과성과 안정성이 입증되지 않은 의료기술의 시장 진입 속도를 높이기 위한 규제완화라면서 반발이 컸다.

보건복지부가 지정한 제한적 의료기술은 자가 혈소판 풍부 혈장 치료술 등 모두 9개이다. 당시 지정된 제한적 의료기술평가 대상 의료기술 중 '자가 혈소판 풍부 혈장 치료술' 시행기관으로 서울성모병원, 삼성서울병원, 조선대학교병원, 강남성심병원과 함께 분당차병원이 지정되었다. 그런데 해당 신의료기술은 신의료기술평가위원회에서 2010년 4월 안전성에 대해 확실한 결론을 내리기 어렵다. 조직의 치유나 재생에 대해 유효성을 증명하기 어렵다고 판단한 것은 물론, 2016년 3월 한국보건의료연구원(NECA)이 수행한 신의료기술평가는 연구단계 의료기술(연구단계 의료기술은 안전성은 확인됐지만 임상적 유효성에 대한 입증이 부족함을 의미)로 분류했다. 따라서 '자가 혈소판 풍부 혈장 치료술'은 치료 목적이 아닌 미용 성형 시술에서만 사용할 수 있었다.[24]

14년~17년까지 화장품 R&D 사업

병원그룹 계열사 차바이오 F&C 지원

박근혜 정부는 '글로벌 화장품 신소재·신기술 연구개발
지원 사업'을 통해 2016년까지 대기업 50%, 중소기업
25% 매칭펀드 방식으로 국고 654억 원을 지원하는 R&D
사업 추진했다. 차병원그룹 계열사로 차바이오 F&C가
2014년부터 선정되어 2017년까지 '세포간 결합 및 소통
단백질 자극 기전을 통한 피부 장벽 활성화 신소재 개발'
연구에 모두 8억 원이 지원되었다. [25]

김영재 성형외과 불법 의료 행위 및 병원장 특혜 의혹

조원동 경제수석을 통해 김영재 성형외과 병원의 해외
진출 협력을 지시받았으나, 평가를 맡은 컨설팅 업체는
실적, 규모 등 모든 면에서 기준에 부합하지 않는다고
결론을 내렸다. 병원의 해외 진출은 좌절되었으나, 이후
컨설팅 업체는 세무조사를 받았고, 관련자에게 인사상
불이익이 발생했다.

김영재 원장은 2015. 4월 대통령 남미 순방, 5월
아프리카 프랑스 순방, 9월 중국 순방 등에 동행하는
등 파격적 특혜조치를 받았다. 2016년 병원이
생산·판매하는 화장품 '존 제이콥스'가 청와대 설
선물세트로 선정된 이후 청와대 납품실적 등을 이유로
신라면세점 등 면세점 입점의 특혜를 받았다.

전문의가 아닌 일반의에 불과한 김영재 원장을 현재
서울대 병원장인 서창석 원장(박근혜 대통령 주치의
출신)의 지시로 서울대병원 강남센터 외래교수로
위촉하는 특혜를 제공했다. 병원장의 처남이 운영하는

의료기기 업체가 서울대 병원 납품을 시작했다.

김영재 원장 일가가 소유하고 있는 '와이 제이콥스'에 산업부가 R&D 예산 15억 원을 지원했다. 당초 과제 수요 조사를 통해 바이오의료 분야에 17건의 과제가 접수되었고, 1차 기획위원회(15. 8. 13)에서 3건의 과제로 압축되었으나, 해당 업체의 지원 가능 과제는 없었다. 그런데, 2차 기획위원회(15. 10. 16)에서 갑자기 4건의 과제로 늘어나면서 추가된 과제가 와이 제이콥스가 유일하게 지원한 '인체조직 고정력을 증대시키는 기능성 봉합사 소재' 개발 과제로서 당초 수요 조사에 없던 과제가 포함된 이례적인 상황이 발생했다.[26]

6   광고 전문가 차은택의 광고계 털기

차은택은 유명한 뮤직비디오 감독이지만 동시에 광고 감독이었다. 제일기획은 2013년에 차은택에게 자신들이 관광공사에서 수주한 '싸이의 위키코리아' 제작에 의뢰하기도 했다. 차은택은 광고계의 경험과 인맥을 바탕으로 대기업과 정부의 광고와 홍보영상을 대거 수주했다. 차은택은 현대차와 KT의 광고를 수주하기 위해서 최순실, 박근혜 대통령과 공모했다는 사실이 검찰 조사 결과 밝혀졌다.

박근혜 대통령은 최순실·안종범과 공모하여 현대차 광고 5건 70억 6,627만 원을 수주하도록 직권남용, 강요했다. 또한, 대통령은 최순실·안종범과 공모하여 지인을 케이티 광고담당 고위직에 취업시킨 후, 그들과 함께 케이티가 플레이그라운드를 광고대행사로 선정하게 하고 약 68억 원의 제작비를 지급하게 하는 등 직권남용하여 강요했다.

정부 산하 기관, 차은택 실소유 의혹 광고사 지원 논란

해양수산부와 산하 기관인 한국해양재단은 해양수산 분야의 최대 행사인 '바다의 날' 홍보영상물을 제작하기로 하고, 지난 5월 24일 해운조합과 선주협회, 수협중앙회 3곳과 업무협약을 체결했다. 주요 내용은 이들 3개 단체가 자체 예산을 활용해 홍보영상물 제작 비용을 마련한다는 것이다. 그리고 하루 뒤 플레이그라운드는 1억 5,200만 원짜리 사업을 경쟁 없이 수의계약을 했다. [27]

안종범 한마디에 정부 광고 업체 탈락…
'비선 실세 배려' 의혹

금융위원회가 지난해 말 1억 원대 금융개혁 광고를 발주하며 종전 거래 업체에 제작을 맡기고 시사회까지 마쳤지만 최종 단계에서 청와대 반대로 업체를 바꾼 사실이 확인되었다. 광고업체 교체 과정에 안종범 당시 청와대 경제수석(현 정책조정수석)의 입김이 작용했다는 증언이다. 정부 부처나 기관 광고를 청와대 결재까지 맡는 것도 이례적이지만 윗선에서 '특정업체와 계약하라'도 아니고 '특정업체와는 계약하지 말라'고 얘기하는 건 매우 드문 일이다. [28]

"플레이그라운드 진짜 주인은 최순실…

대기업 상대 돈벌이 창구"

차은택은 검찰에서 플레이그라운드의 지분 구조 등을
밝히며 "최 씨가 이 회사의 주인"이라고 진술했다.
플레이그라운드가 광고 일감을 따낸 과정은 최 씨의
입김 없이는 불가능하다. 기업 신용평가 회사인
한국기업데이터는 플레이그라운드의 신용등급을
하위 등급인 'CCC'로 평가했다. 플레이그라운드는
현대·기아차에서 6건의 광고를 수주했는데 한 건을
빼고는 모두 경쟁 입찰이 아닌 수의계약이었다. KT가 올
초 플레이그라운드를 새 광고 대행업체로 선정할 때도
뒷말이 무성했다. 최종 후보에 플레이그라운드 등 5곳이
포함됐는데 이 중 2곳이 스스로 포기했다.[29]

7   세계는 넓고 할 일(?)은 많다

박근혜 대통령의 해외 순방에 최순실 일당은 깊숙이 개입해
있었다. 순방행사를 기획하고 대행하는 것은 기본이었다. 차
은택과 밀접한 공연팀이 공연했다. 아무런 실적이 없는 K-
스포츠재단 소속 태권도 공연팀이 출연하기도 했다.

더 나아가 이들은 한국형 원조를 표방하는 코리아에이드 사
업의 기획과 실행에 개입했다. 미르재단과 이화여대가 농림
식품부가 주관하는 K밀(K-meal) 사업에 참여했다.

최순실 일당에게 박근혜 대통령의 해외순방과 무상원조는
무한한 기회의 공간이었다.

차은택, 밀라노엑스포 '10억 영상' 하청업체 직접 선정

차은택은 2015년 이탈리아 '밀라노 엑스포 한국관'의
전시·영상 예술감독으로 일했다. 위탁대행사의 영상
제작 재하청업체 선정 과정에 직접 개입한 사실이
확인됐다. 차은택은 전시 위탁대행사인 A사에 영상 제작
용역 재하청업체 두 곳을 모두 자신이 직접 추천했다.
A사는 차씨가 추천한 두 곳과 수의계약 방식으로 총
10억 원 규모의 영상 제작 재하청을 줬다. 재하청을 받은
두 곳 모두 차은택과 관련이 있는 회사로 밝혀졌다.[30]

미르재단이 530억 예산 새마을운동 사업까지 손 뻗쳤다

미르재단 이사였던 조희숙 한국무형유산센터
대표이사가 새마을분과위원회위원으로
선임됐다가 미르재단이 문제가 되니까 사임했다.
새마을운동분과위원회에 미르 이사가 참여했다는 것은
미르재단이 새마을운동 ODA, 즉 정부까지 손을 뻗친
것이라는 의혹을 받고 있다.[31]

미르재단이 미리 기획한 K 밀 사업

미르재단이 기획한 것으로 알려진 K밀 사업에 2016년
5월말 박근혜 대통령의 아프리카 순방 당시 농식품부
예산 3억 2천만 원이 투입되었다. 특히 이 예산

가운데 미르재단과 이화여대가 개발한 쌀 가공식품을 구매하는데 예산 6천만 원을 사용되었다. 앞서 박근혜 대통령 이란 순방에선 K스포츠 재단의 K스피릿 태권도 시범단에는 문체부 예산 6천 5백만 원이 사용되었다. 아무런 실적이 없는 K스포츠재단의 태권도시범단이 국기원 등을 제치고 돌연공연을 맡아 특혜 의혹이 제기되고 있다.[32]

멕시코·파리 순방 행사도 '최순실 회사'가 따내

2016년 대통령 해외순방 문화행사에 참여한 공연단체에 차은택 씨가 공모전에서 선발한 2개 단체가 포함되었다. LED 광선이 나오는 하회탈을 쓰고 퍼포먼스를 선보이는 '광탈'은 5월 대통령 아프리카 순방 때 공연을 했다.[33] 비보이 댄스팀 '애니메이션 크루'는 4월 멕시코 순방에서 공연했다. 사실상 최순실 씨 소유로 알려진 '플레이그라운드'가 지난 5월 대통령 아프리카 순방 때 문화행사뿐 아니라 4월 멕시코, 6월 파리 순방 행사도 진행했다. 실제 행사는 재하청을 줬는데 차액도 만만치 않다. 해외문화홍보원이 발행한 증명서를 보면 아프리카 순방 행사 대행비는 11억1,493만 원이다. 이 행사는 중견 이벤트업체 A사에 재하청되고 총 3억 7,150만 원이 지불되었다. 남는 돈은 7억 4,343만 원에 이른다.[34]

'KCON 프랑스' 사업… 재주는 CJ, 돈은 최순실

문체부가 지원한 진행된 CJ그룹 문화 사업 2016

KCON(케이콘) 프랑스 '한식체험' 전시 운영을 최순실 씨가 실소유주로 알려진 광고대행사 플레이그라운드가 전담한 것이 확인되었다. 문체부 해외문화홍보원은 올 6월 프랑스 파리에서 열린 해당 사업에 '한-불 공식 인증 사업비' 명목으로 CJ E&M에 5억 원을 지원했다. 문체부 산하 한국콘텐츠진흥원(KOCCA, 콘진원)도 컨벤션 부스를 운영하며 CJ E&M에 사용료 1억 7,000만 원을 지급했다. CJ E&M은 5월과 6월 두 차례에 걸쳐 5억 원, 2억 원씩 총 7억 원을 플레이그라운드에 입금했다. 한식 세계화 예산 7억 원이 CJ 거쳐 고스란히 플레이그라운드로 입금된 것이다.[35]

최순실 메모대로 해외 문화원 현실화됐다

최순실 씨가 계획한 '아랍에미레이트 한국 문화원 계획'은 최씨의 자필 메모 그대로 진행됐다. 안종범 당시 경제수석과 차은택 씨가 아랍에미레이트를 다녀온 뒤 문화원 설립은 메모에 적힌 대로 실행됐다. 차은택은 귀국 다음 날인 2014년 8월 22일 설립 제안서를 냈다. 제안서엔 아랍에미레이트 내 설립 지역 후보지와 함께 한국문화원 디자인 등이 담겨있다. 이후 '최순실 팀'은 아랍에미레이트 문화원 설립을 위한 예산을 짜 넣고 이를 정부 정책에 반영했다. 정부는 2014년 UAE 한국 문화원 건립에 36억의 예산을 배정했고, 실제로는 46억을 썼다. 그리고 이듬해인 2015년 3월, 박 대통령과 UAE 모하메드 왕세자간 정상회담에선 주UAE

한국문화원 설립 양해각서가 체결되었다. [36]

최순실, 미얀마 K-타운 사업에도 개입?

2016년 8월 미얀마 K타운 사업이 본격 가동되었다.
미얀마에 760억 원 규모의 컨벤션 센터를 무상원조로
지어주고 한류 관련 기업들을 입점시킨다는 것이
계획이다. 이 사업은 박근혜 대통령 순방 계획과 맞물려
추진됐다. 정만기 당시 청와대 산업통상 비서관이
사업을 주관했다. 미얀마 K-타워는 이란 K-타워 사업과
판박이로 미르재단 개입 의혹이 제기되고 있다. 사업
추진을 앞두고 삼성그룹 임원 출신이 파격적으로
미얀마 대사에 임명되었다. 유재경 대사는 삼성전기
유럽본부장으로 독일 프랑크푸르트에서 근무했고,
삼성이 승마협회 등을 통해 최순실 씨를 지원하기
시작한 시점에는 글로벌 마케팅실장을 맡고 있었다.
미얀마 K-타운 사업은 대통령 방문이 취소되면서 현재
중단된 상태이다. [37]

이란 K타워 프로젝트, 〈미르〉 독점 지원 의혹

LH가 한국-이란 문화교류 사업 수행기관 선정 과정에서
공모절차 없이 미르재단을 선정하는 특혜를 줬다는
의혹이 제기되었다. K타워 프로젝트는 이란 테헤란에
문화상업 복합시설인 K타워를 구축하고 서울에는
I 타워를 지어 양국 간 문화교류를 활성화하는 사업이다.
2016년 5월 박 대통령이 이란을 방문했을 당시

한국토지주택공사와 이란의 교원 연기금이 양해각서를 체결했다. 문제는 경험도 실적도 전무한 미르재단이 국제적 사업에 공모절차 없이 선정됐고, 양국의 두 기관이 체결한 양해각서 한글본에서 미르재단이 '한류교류증진의 주요 주체'라고 기재된 것이다. 이에 한국토지주택공사는 "관계기관 회의에서 미르재단을 만났고, 한류문화 촉진을 위해 설립된 재단이라길래 필요해서 우리가 스스로 사업자로 넣은 것"이라며 청와대 외압설을 부인했다. 이어 양해각서와 관련해서는 "단순 번역 실수"라고 해명했다. 하지만 박 대통령의 국빈 방문을 한 달 앞두고 청와대 연풍문에서 열린 K타워 프로젝트 관련 회의에 미르재단 관계자도 함께 참석한 사실이 알려져 의혹이 증폭됐다.[38]

최순실 독일 집사의 '1조 원대' 수상한 송도 비즈니스

박근혜 대통령은 2006년 9월 프랑크푸르트의 한 한식당에서 17대 대선 출마를 선언했고 2014년 3월 독일 드레스덴에서 대통령의 핵심 통일구상을 발표한 뒤 이례적으로 동포간담회만을 위해 프랑크푸르트에서의 몇 시간짜리 일정을 소화했다. 여기에 최순실의 측근인 데이비드 윤이 핵심적인 역할을 했다. 독일의 마이바흐 그룹이 '송도 1조 원 사업'을 벌이는데 데이비드 윤이 브로커 역할을 한 정황이 포착되었다. 데이비드 윤이 컨설팅에 참여한 것으로 알려진 사업은 주식회사 엠비케이가 인천 송도 국제도시에 1조 원대 규모로 추진 중인 마이바흐 비즈니스타운 설립 프로젝트다.

'마이바흐(Maybach) 컨설팅 계약서'에 따르면 엠비케이는
2016년 7월 8일 데이비드 윤과 마이바흐 박물관 및
관련 시설 유치 등을 위한 브랜드 사용과 관련된 컨설팅
계약을 체결했다. 이 계약서에 따르면 엠비케이는
마이바흐 박물관 및 관련 시설 유치 사업 등에 마이바흐
브랜드 사용을 위한 컨설팅 비용으로 데이비드 윤에게
2억 원을 지급하기로 돼 있다.[39]

8 최순실 일당이 알뜰하게 챙긴 정부 사업 이권들

최순실 일당에게 정부 사업의 이권을 가져오는 것은 소소하
지만 놓칠 수 없는 것들이었을 것이다. 부서의 각종 홍보 업
무와 영상 제작은 손이 닿는 대로 챙겼다. 직접 가져오는 것
이 들통날 것 같으면 하청을 받기도 했다. 차은택 지시로 만
들어진 회사가 박근혜 정부의 최대 역점 사업으로 알려진 창
조경제센터의 홈페이지 제작을 독차지했다.

표절 논란 '크리에이티브코리아'에도 '차은택 그림자'

표절논란을 빚었던 국가 브랜드 사업인 '크리에이티브
코리아'의 홍보에만 수십억 들였다더니, 온라인 홍보
용역·SNS 운영 등은 플레이그라운드 관계사들이 수의
계약을 통해 따냈다. 행사 대행업체인 '크리에이티브
아레나'는 2015년 12월 13일 문체부와 '국가 브랜드
공모전 심사 온라인 홍보 용역' 계약을 맺었다. 이어

2016년 3월 7일에는 '국가브랜드 공식 홈페이지 및 사회 관계망 서비스(SNS) 운영' 계약을 맺는다. 계약은 각각 1,885만 원과 1,900만 원에 체결됐는데, 모두 경쟁입찰이 아닌 수의계약 형태였다. 이 업체의 김아무개(36) 대표는 지난해 3월부터 10월까지 있었던 광고 회사 모스코스의 사내이사를 맡은 바 있다. 모스코스는 김홍탁(55) 플레이그라운드 대표가 차린 회사다. 한때 차은택 감독, 김홍탁 대표와 한솥밥을 먹었던 이가 대표로 있는 회사와 문체부 사이의 수의계약이 이뤄진 셈이다. [40]

'늘품체조' 홍보영상, 제작업체 대표는 차은택 모친?

2014년 11월 문화가 있는 날 행사에서 선보이며 새로운 국민체조로 채택된 늘품체조이다. 2년간의 준비를 거쳐 제작발표회만을 코앞에 두고 있던 코리아 체조가 돌연 늘품체조로 바뀌었다. 이 과정에서 차은택 씨가 늘품체조 개발자를 김종 문체부 2차관에게 소개해줬다는 의혹이 일기도 했다. 1억 원가량의 정부 예산으로 홍보 영상도 제작됐다. 제작 업체는 '엔박스 에디트'이다. 당시 68살 김 모 씨가 유일한 사내이사로 등록돼 있었다. 등기부등본상의 김 씨 주소는 차은택 씨 부모 집과 같은 곳이었다. 국정감사에서 김 모 씨가 차은택의 모친이 아니냐는 의혹이 제기되었다. [41]

차은택 회사, '창조경제센터 홈피' 수주 독차지

창조경제혁신센터 홈페이지 구축 사업을 진행한

회사는 유라이크커뮤니케이션즈이다. 차은택의 측근인 그래픽디자이너 김 모 씨가 대표로 있는 이 회사는 차 씨 지시로 만들어졌다. 2015년 2월에 설립된 유라이크커뮤니케이션즈는 설립 한 달만인 3월, 혁신센터 17곳의 홈페이지 계약을 따냈다. 당시 계약은 3억 4,000만 원 규모의 정부 사업이었지만 비공개로 진행됐다. 2,000만 원이 넘는 단순 용역의 경우 경쟁입찰을 해야 하는데 17개 센터별로 2,000만 원씩 쪼개서 수의계약을 했다. 이른바 '최순실 파일'에는 박근혜 정부의 제1국정과제인 창조경제와 관련된 자료도 다수 있었다. 특히 이 사업의 신호탄이었던 창조경제타운이란 홈페이지 구축 시안을 대통령이 언급하기 무려 20일 전에 미리 받아본 걸로 확인되었다.
[42]

문체부, 공모절차 없이
차은택 관련 의혹 법인사업에 15억 원 지원

문체부는 지난 2014년까지 한국광고총연합회를 보조사업자로 지정해 관련 교육을 진행해 왔다. 하지만 지난 2015년 3월 문광부는 B 단체를 새로운 보조사업자를 선정했고, 이 단체를 통해 A 광고학교를 운영했다. 이 학교의 주요 이사진에는 차 씨와 친분이 있는 것으로 알려진 이동수 KT 전무와 김홍탁 플레이-그라운드 대표가 등재돼있는 것으로 확인되었다. [43]

누가 :
기업은 피해자인가
대탐소실(大貪小失)의
공범인가

기업은 적은 돈을 투자(?)하고
큰 이익을 얻은 공범?

최순실이 기업에서 1,000억 원 가량 '삥을 뜯고' 재단을 설립했다고 한다. 이전 대통령도 친인척 비리는 있었다. 친인척은 대통령을 호가호위(狐假虎威)해서 비리를 저질렀다. 그러나 최순실 일당은 달랐다. 청와대 경제수석인 안종범이 진두지휘에 나서고 박근혜 대통령이 직접 재벌 총수를 만났다. 여우가 호랑이 탈을 쓰고 한 일이 아니라 여우와 호랑이가 같이 벌인 범죄라는 것이다. 다만 누가 여우고 누가 호랑이인지는 모르겠다.

가해자는 명확하다. 최순실, 박근혜, 안종범 등 삥을 뜯은 사람 모두 가해자다. 그렇다면 피해자는 누구일까? 돈을 뜯긴 기업이 피해자일까?

일각에서는 기업도 피해자가 아니라고 한다. 삼성그룹은 200억 원의 출연금을 냈다. 대신 삼성물산, 제일모직 합병과정에서 국민연금 지원으로 보답 받았다고 한다. SK의 111억 원 상납도 최태원 회장의 특별사면과 연관성이 있을 수도 있다.

그렇다면 기업은 '삥을 뜯겼다'기 보다는 투자를 한 것일까? 큰 이익을 얻고자 적은 돈을 투자한 대탐소실(大貪小失)이라고 평가할 수도 있겠다.

이익을 얻은 것은 기업이 아니라 재벌 총수 개인. 재벌 총수가 기업의 돈을 상납하고 개인적 이득을 위해 기업에도 피해줘

그러나 어쩌면 기업은 정말 피해자일 수도 있다. 이익을 얻은 것은 기업이 아니라 재벌 총수일 뿐이다. 재벌 총수는 자신의 돈이 아니라 기업의 돈을 상납했다. 그리고 상납된 돈은 기업의 이익을 위해 쓰인 것이 아니라 재벌 총수의 이익을 위해 사용되었다.

국민연금 지원으로 삼성물산과 제일모직이 합병해서 삼성이라는 기업이 어떤 이득을 얻었을까. 주식은 폭락하고 기업이미지만 나빠졌다. 합병 이익을 얻은 것은 삼성이라는 기업이 아니다. 이재용이라는 재벌 3세 단 한 명이 초대형 그룹 집단인 삼성 그룹 집단 전체를 수월하게 지배할 수 있는 이득을 얻었을 뿐이다.

삼성이라는 기업 입장에서는 돈도 뜯기고, 기업가치만 훼손되었다. 경영능력이 증명되지 못한 재벌 3세의 영향력만 증대되었으니 미래가치도 불안해졌다. 최태원 회장의 특별사면도 최태원 회장의 개인적 이익이지 SK라는 기업의 이득이 아니다.

이는 기업이 기업의 이익을 위해 최순실 일당을 이용하여 법과 정의를 해친 것보다 더 나쁜 일이다. 단지 재벌 3세 개인의 이익을 위해 법과 정의를 해치고 기업의 이익까지 훼손했다는 의미다.

기업이라는 추상명사 뒤에 숨은
진짜 범죄자를 골라내야

과거에는 단체 기합이 많았다. 반의 평균 성적이 떨어져도 반 아이 전체가 기합을 받았고, 심지어는 반 아이 누군가 물건을 훔쳐도 반 전체가 단체 기합을 받았다. 단체 기합으로 죄를 묻는다면 구태여 누가 범인인지 밝혀낼 필요가 없다. 도둑질을 하지 않은 아이들이 아무런 잘못 없이 괜히 오리걸음만 한다니 억울할 수도 있겠다. 반면, 훔친 아이는 범인이라는 사실을 숨긴 채, 몇 바퀴 오리걸음으로 때울 수 있다. 장물 이득에 비하면 남는 장사다.

문제가 발생했을 때, 추상적 집단에 책임을 지우면 가해자는 이득을 보게 된다. 최순실 일당의 잘못을 하나하나 따지지 않고 '비선 실세'라는 추상적 집단으로 "비선 실세가 공범이다."라고는 하지 않는다. 최순실, 차은택 등의 구체적 이름을 지적하여 비판한다. 마찬가지로 이재용, 이승철 부회장 등의 구체적 이름을 지적하지 않고 '재벌이 공범'이라며 문제는 '재벌'이라고 뭉뚱그려서 말해서는 안 된다. 이는 마치 비행기

추락의 원인을 중력 탓으로 돌리는 것만큼 의미 없다.

공범이라는 재벌을 구체화해보자. 일단 최순실 일당에 돈을 '투자'한 재벌 총수는 모두 공범이다. 그리고 재벌 총수의 이익에 복무한 독립되지 못한 이사들 모두 재벌 총수와 공범이다. 삼성물산과 제일모직의 합병안 찬성을 주장한 국민연금 기금운용본부 투자위원회 위원들도 모두 재벌 총수와 공범이다. 이들 공범은 오직 이재용이라는 단 한 명의 이익을 위해 복무했다. 국민연금은 수천억 원의 손실을 봤고 삼성물산이라는 기업도 손해를 봤다.

물론 재벌의 구조적인 문제점도 지적해야 한다. 비행기 추락의 원인을 중력이라고 표현해도 잘못이지만 모든 원인을 조종사 개인만의 문제로 돌릴 수는 없다. 마찬가지로 '재벌의 탐욕이 문제'라고 표현해도 잘못이지만 이를 재벌 총수 개인 품성의 문제로 돌릴 수는 없다.

일차적으로는 재벌 총수가 전체 기업집단의 의사결정을 독선적으로 정하는 선단식 경영이 문제다. 그러나 앞서 최순실 일당이 비리를 저지른 것도 문제지만, 그 불법적 행동을 걸러내지 못한 국가 시스템이 더 큰 문제라고 지적하였다. 마찬가지로 재벌 총수가 수백억 원의 비정상적 지출을 전횡한 것도 문제지만, 이사회가 그런 황당한 지출을 거르지 못한 것은 더 큰 문제다. 일각에서는 기업은 성과만 좋으면 투명경영쯤은 부차적인 문제로 치부하기도 한다. 그러나 투명

경영은 도덕적인 가치를 위해 필요한 관념적 덕목이 아니다. 기업의 리스크 관리를 위해 필요하다. 오히려 성과가 좋을수록 리스크 관리 차원으로 좋은 기업지배구조에 힘써야 한다. 재벌 총수의 잘못된 결정을 막지 못해 망했던 기업의 사례는 넘쳐난다.

불안한 기업지배구조가
정경유착의 원인

영화 〈대부〉에서 마이클 콜레오네(알 파치노 役)가 자신의 조직 '패밀리'를 경영하면서 정치인에게 끊임없이 상납하는 이유는 '패밀리'가 합법적인 일을 하지 않기 때문이다.

마찬가지로 우리나라 재벌 총수가 정치인에게 끊임없이 상납하는 이유는 '패밀리'에게 기업 전체의 지배력을 넘기려는 과정이 합법적이지 않기 때문이다.

단돈(?) 46억 원만을 합법적으로 증여받은 이재용 씨의 재산이 8조 원이 되었다. 이 과정에서 많은 불법이 발생했다. 오병이어의 기적이 아니라면 말이다. 더 큰 문제는 고작(?) 8조 원의 자금으로 시가총액이 300조 원이 넘는 기업집단 전체를 지배하려고 한다는 점이다. 이 정도의 소수 지분만으로는 그룹 계열사 전체를 합법적으로 지배할 수는 없다. 이 과정에서 또 한 번 불법이 발생할 수밖에 없다.(물론 그룹 전체를 이끌만한 탁월한 경영능력을 보여주었다면 예외다)

결국 초일류 기업이라는 삼성의 불법성은 재벌 3세인 이재용 씨에게 삼성그룹 집단 전체의 지배력을 넘기는 과정에서 발생한다. 이러한 불법성이 정치권에 끊임없는 상납 고리를 만든다. 그래도 삼성이 초일류 기업은 맞는 듯하다. 로비력이 그렇다. 정유라에게 말을 사주는 방식의 최고로 효율적인 로비를 하는 그 정보력과 판단 능력은 초일류 기업이다.

재벌 총수 일가와 협력자는
최순실 일당에 포함되는 공동정범(共同正犯)

콜레오네가 정치인에게 뒷돈을 주었다고 콜레오네가 피해자는 아니다. 오히려 콜리오네가 정치인의 탐욕을 이용한 주범이다. 마찬가지로 재벌 총수 일가와 그들의 협력자들은 최순실과 공동으로 주범 역할을(공동정범) 했다고 표현할 수 있다. 최순실이 받은 수천억 원의 이익보다 더 큰 이익을 얻게 된 재벌 총수 일가는 어쩌면 최순실 일당의 비선 실세가 아닐까.

얼마나 :
최순실 관련 예산
1조 4천억 원

최순실
문체부 예산
농락도
(籠絡圖)

```
              ┌─────────────────────┐
              │      재벌총수        │
              │   삼성, SK, 롯데,    │
              │   포스코, LG, 현대차 │
              └─────────────────────┘
       ┌──────────┬──────────┬──────────┐
    광고비      출연금      행사비
       ↓          ↓          ↓
  ┌──────────────────────────────────────┐
  │               최순실                  │
  │ 미르재단·K스포츠재단·동계스포츠영재센터 │
  └──────────────────────────────────────┘
       ↑                        ↑
  ┌──────────────┐      ┌──────────────┐
  │   차은택      │      │    김종      │
  │송성각·김상률·김종덕│  │장시호·정유라·이규│
  └──────────────┘      └──────────────┘
   문화 예산              체육 예:
       └──────────┬───────────┘
          ┌─────────────────────┐
          │ 문화관광체육부 예산  │
          └─────────────────────┘
```

1,400,000,000,000

최순실 일당이 미르재단, K재단을 통해 가져가려고
했던 예산은 무려 1조 4천억 원에 이른다.

최순실 일당은 대기업으로부터 마치 수금하듯 돈만 상납받
은 것은 아니다. 앞서 지적했듯이 대한민국 정부 금고에 파
이프라인을 설치하고 박근혜 정부 이후에도 지속적인 이익
을 취하고자 했다. 가장 큰 파이프라인이 그 유명한 '미르재
단'과 'K스포츠재단'이다. 두 재단을 통해 지난 2015년부터
2017년 정부 예산안까지 최순실 관련된 예산은 총 1조 4천
억 원이다.

886,300,000,000

차은택의 '융복합 작전'과 관련된 문체부 예산은
2015년부터 2017년 정부안까지 총 8,863억

물론 이 예산의 대부분은 미르재단으로 흘러갈 터였다. 특히
'융복합 작전'이 본격화된 2017년 정부 예산안 금액은 4,185
억 원에 이른다. 송성각이 원장으로 들어앉아 가장 중요한 예
산 허브의 역할을 했던 콘텐츠진흥원의 최순실 예산이 3년간

총 4,805억 원이다. 해외문화홍보원 최순실 예산이 1,253억 원, 공예디자인문화진흥원 최순실 예산이 257억 원이다. 여기에 문체부가 언론이나 국회의 지적에 인정한 예산 사업들이 1,253억 원이 된다. 최순실은 주요 보직에 차은택의 측근들을 앉히고 단시간에 자신의 예산사업을 이끌어냈다.

333,200,000,000

김종이 주도했던 '스포츠산업' 작전 금액은 2015년부터 2017년 정부안까지 총 3,332억 원에 이른다.

김종이 문체부에 들어온 이후로 만들어진 최순실 예산은 2015년부터 2017년 정부안까지 총 3,332억 원인데, 문화 분야의 최순실 예산보다 액수는 작아 보이지만 국회 심의에서 거의 깎이지 않고 살아남았다. 그래서 최순실 체육예산은 더욱 커질 전망인데, K스포츠재단이 사라진 마당에 이 무주공산을 누가 차지하게 될까? 특히 강릉을 거점으로 정부 예산을 끌어오려고 했던 최순실과 장시호의 계획이 예산으로 살아 있는 만큼 앞으로 더욱 주의를 기울여야 한다.

150,800,000,000

ODA사업을 통해 가져가려던 돈은 1,508억 원

예산 도둑들에게는 ODA(공적개발원조)사업은 먹어도 탈이 잘 안 나는 곳이다. 2017년에도 한국형 원조사업으로 쌀과자 등 한류를 아프리카에 심는다는 코리아에이드 사업이 144억 원, 새마을운동 ODA가 396억 원. K스포츠단 사업인 태권도 진흥 예산이 169억 원이다.

제2부

곳간에 다녀간
그들은
누구인가

최순실-박근혜 :
예산서는 그들이
지난 4년간 한 일을
알고 있다

최순실은 연설문을 고치고,
박근혜가 연설문을 읽으면
예산서에 'VIP'표시된다.
결국, 최순실 예산이 생긴다.

대통령의 연설문을 분석해서 대통령의 정책, 생각을 파악하는 작업을 하곤 한다. 그런데 아직 예산서를 분석하여 대통령이 한 일을 분석하는 작업은 그동안 없었던 것 같다. 예산서 관련 자료 중에서 가장 방대한 자료는 각 부처가 국회에 제출하는 '사업설명자료'다.

'사업설명자료'는 각 정부부처가 기획재정부와의 협의 과정에서 자기 부처의 예산을 따내기 위한 자료다. 그래서 만약 대통령이 자기 부처 사업을 언급하면 이를 꼭 표시해 둔다. 대통령 관심사업이라면 기획재정부와의 협상에서 유리해진다. 그런 의미에서 대통령이 언급한 사업은 '예산요구서'를 거쳐 국회에 제출하는 '사업설명자료'[44]에 빠짐없이 기록되게 된다.

예산서 분석은 연설문 분석보다 더 구체적이다. 연설문에는 실제 추진 방향과는 다른 '립 서비스'도 있을 수 있다. 또는 연설 비서관이 쓴 구색 맞추기 단어들도 포함되기 마련이다.

반면 예산서를 분석하는 것은 다음과 같은 이유로 대통령의 '민낯'을 알기에 더 적절할 수 있다. 첫째, 예산서에 담긴 대통령의 지시사항은 실제 대통령이 직접 언급한 사안들이다. 둘째, 단순한 '립 서비스'는 제외되고 구체적으로 진행된 사업만 기록이 된다. 셋째, 연설문보다 방대하다. 예를 들어 문화체육관광부 사업설명자료만 4,000페이지가 넘는다. 사업설명자료를 별도로 제출하는 예산을 독립적으로 편성하는 정부부처는 현재 43개 정도다. 전체 예산서를 다 합치면 약 10만 페이지에 이르는 방대한 자료다. 연설문에는 대게 핵심 국정 어젠다만 포함되어 있다. 반면 10만 페이지에 달하는 대한민국 전 부처의 예산안 사업설명서에는 주요 사업뿐만 아니라 수억 원 규모의 자잘한 사업도 총망라되어있다. 악마는 디테일에 있다고 한다. 대통령이 직접 지시한 국가사업들을 총망라할 수 있다.

물론 예산서 분석도 한계는 있다. 대통령이 추진한 비 예산 사업은 들어있을 수 없다. 그래도 국가정책의 추진은 대부분 예산이 필요하다는 점에서 추가 예산이 필요 없는 몇몇 규제 강화 정도를 제외하고는 상당 부분 대통령의 관심 사업을 충실히 반영할 수 있다.

여성가족부 예산안에는 2번,
문화체육관광부에는 87번 등장한 'VIP'

그런데 예산안 사업설명 자료를 분석하다 보니 대통령은 특정 부처 사업에만 관심을 가졌다는 사실이 드러났다. 여성가족부 예산안에 기록된 대통령의 언급 회수는 단 2회, 통일부에는 3회에 그친다. 고용노동부도 5회에 불과하다. 박근혜 대통령은 여성가족부, 통일부, 고용노동부의 예산사업 관련해서는 거의 언급하지 않았다는 의미다. 한마디로 박근혜 대통령은 여성가족부, 통일부, 고용노동부의 구체적인 사업에 는 별 관심이 없었다는 의미다.

그런데 문화체육관광부 예산안에는 87번, 미래창조과학부 예산안에는 대통령을 뜻하는 단어인 'VIP'가 90번이나 기록되어 있다. 문화체육관광부와 미래창조과학부는 구체적인 사업을 거론해가면서 하나하나 챙긴 사업이 많다는 의미다.

대통령이 특정 예산사업을 지적하고 언급한 기록은 대통령의 국정의 방향성과 관심도를 잘 반영할 수 있다고 본다. 대통령은 문화체육관광부와 미래창조과학부가 수행하는 사업에 유달리 편애를 보였다고 해석 가능하다. 왜 이렇게 대통령은 문화체육관광부와 미래창조과학부에 유달리 편애를 보였을까?

암호명 제로니모와 암호명 'VIP'

〈코드 네임 제로니모〉라는 영화가 있다. 미 정부는 빈 라덴 사살 작전을 수행한다. 그 작전 암호명이 바로 '제로니모'다. 그런데 미국 원주민들이 이 영화에 반발했다고 한다. 미국 원주민의 전설적인 영웅인 '제로니모'를 미국 국수주의를 내세운 상업 영화에 차용했다는 이유이겠다.

'VIP'라는 단어가 있다. 물론 'Very Important Person'의 줄임말로 중요한 인물을 가리키는 말이다. 그런데 VIP라는 단어는 청와대 직원이나 청와대를 상대하는 공무원들에게는 대통령을 뜻하는 지시어로 쓰인다. 대통령을 대통령이라고 부르면 청와대와 관계 맺지 못한 공무원이나 일반인이다. 청와대 직원이나 관계 공무원들은 대통령을 'VIP'라고 지칭하면서 그들만의 결속력을 느낀다.

그런데 최순실 일당이 국가예산을 전횡하는 작전에 사용된 암호가 있다. 그 작전 암호명이 바로 'VIP'다. 한 국가의 대통령을 지칭하는 'VIP'라는 단어가 왜 공안정국을 내세운 국가예산의 사적 편취 작전에 차용되었을까?

VIP라는 단어는
국가예산을 따내기 가장 쉬운 단어

국가예산은 항상 한정되어있다. 반면 쓸 곳은 언제나 넘쳐난다. 예산 사업 담당 공무원들은 자신들의 사업에 더 많은 예산을 확보하고자 노력한다. 국가 예산을 총괄하는 기획재정부를 어떤 식으로도 설득해서 자신이 맡은 사업의 중요성을 어필해야 한다.

그 과정에서 가장 중요한 단어가 'VIP'다. 해당 예산사업은 무려 대통령의 지시사항이라고 어필하는 것이 기재부와의 예산 협상에서 매우 효과적이다. 그래서 'VIP'라는 단어는 해당 사업부서가 기재부와의 업무협의 과정에서 자신의 예산을 지킬 수 있는 좋은 무기가 된다. 정리하자면 대통령이 언급한 예산 사업은 예산 금액이 인상될 확률이 높아진다는 얘기다.

그런데 VIP가 언급한 예산들이 공교롭게도 최순실 예산?

박근혜 대통령이 문체부 관련 사업 언급 내용을 문체부 예산서에서 확인해 봤다. '문화콘텐츠 국제협력 및 수출기반 조성 사업에 암호명 'VIP'가 들어 있다. 그런데 이 사업은 15년도에는 123억 원을 지출했다. 16년도에는 155억 원. 17년도 문체부는 221억 원을 요구했다. '문화콘텐츠 투자 활성화' 사업도 이와 비슷하다. 15년에는 56억 원을 지출했지만, 17년도 문체부 요구 금액은 116억 원이다.

결국, 두 사업 모두 최근 국회 2017 예산심의 과정에서 최순실 관련 예산이라며 문체부가 스스로 예산액을 삭감하여 국회에 수정 제출했다. 위풍당당 콘텐츠코리아펀드 출자, 문화창조융합벨트, 가상현실 콘텐츠 산업 육성도 마찬가지다. 박근혜 대통령이 국무회의 등 각종 공적인 발언 기회에서 시시

때때로 언급한 사업들이다. 공대 출신인 박근혜 대통령이 가상현실 기술에 관심이 많으니, 문화 콘텐츠에 유별난 관심이 있나 보다 했다. 그런데 박근혜 대통령이 공적으로 한 문체부 예산사업이 공교롭게도 문체부도 인정한 최순실 예산이라는 사실이 드러났다.

이뿐만이 아니다. 국가 이미지 홍보, 한류 진흥에 대해서도 자주 언급했다. 꼼꼼하게도 재외 한국문화원 관련한 박근혜 대통령의 발언이 있다. 그러나 이 역시 최순실 관련 예산이라는 사실이 드러났다.

박근혜 대통령이 합법 정부의 외피를 쓰고 공식적으로 한 발언의 의미가 드러났다. 융합, 콘텐츠, 한류, 창조경제 등 실체가 모호한 사업들을 강조한 이유가 드러났다. 실상은 이들 사업이 최순실 일당이 국가의 예산을 빼 쓰는 '열려라 참깨'와 같은 코드명이라는 근거가 여기에 있다. 대통령이 유달리 공적으로 언급한 사업일수록 최순실 예산에 속하는 사업임이 예산안을 통해 드러났다. 박근혜 대통령은 지난 제3차 대국민 담화에서 "18년간 단 한순간도 사익을 추구하지 않았다."고 밝혔다. 이는 비록 최순실 일당이 국가의 예산을 쌈짓돈으로 여기고 사적 이득을 취했지만, 대통령 자신은 모르는 일이라는 의미다.

최순실이 고친 연설문,
VIP가 발언 통해 결국 예산서에 반영

모든 것의 시작은 '최순실의 연설문 고치기'였다. 최순실은
왜 대통령 연설문 고치기가 '취미'였을까? 최순실이 연설문
을 고치면 박근혜 대통령은 읽는다. 박근혜 대통령이 읽으면
해당 사업은 예산서에 'VIP'라는 암호명으로 표현된다.

그런데 여성가족부, 통일부, 고용노동부 예산서에 나타난
'VIP'라는 표시는 통틀어서 10회에 그친다. 박근혜 대통령은
최순실 일당과 관련된 예산사업이 없는 부서 사업에 대해서
는 거의 발언하지 않았다. 반면, 최순실 관련된 예산사업은
국무회의에서도, 업무보고에서도 주야장천 언급하였다. 대
통령의 언급 내용은 예산서에 'VIP'라는 코드명이 훈장처럼
주렁주렁 달렸다. 이 모든 것이 우연에 지나지 않을까? "그
런데 그것이 실제로 일어났습니다."라고 해석할 수 있을까?

영웅 제로니모는
외롭고 쓸쓸한 최후를 맞이했다. VIP는?

아파치족 전설적인 영웅 제로니모는 활과 화살을 판 돈으로
마신 술에 취해 길에서 쓸쓸하게 죽었다. 영웅의 상징물인

활과 화살을 팔아 술을 마시고 취해서 길에서 죽었다? 영웅이 아니라는 의미다.

300조 원이 넘는 국가 살림살이를 총 책임을 지는 박근혜 대통령도 대통령의 상징인 '책임'을 내려놓고 비선 실세에 이를 넘겼다. 대통령을 영웅처럼 따르던 콘크리트 지지율도 무너지고 4%의 쓸쓸한 지지자만 남았다. 아파치의 영웅 제로니모의 몰락과 선거의 여왕 박근혜 대통령의 몰락이 묘하게 오버랩 된다.

차은택의
'융복합 작전'

등장인물

최순실	비선 실세	**이성한**	전 미르재단 사무총장
박근혜	대통령	**이한선**	전 미르재단 상임이사
안종범	전 청와대 경제수석	**조원동**	전 청와대 경제수석
김기춘	전 청와대 비서실장	**윤태용**	문화콘텐츠산업실장
우병우	전 청와대 민정수석	**원용기**	종무실장
정호성	전 청와대 비서관	**오승제**	뉴욕문화원장
이재만	전 청와대 비서관	**허창수**	전경련 회장
안봉근	전 청와대 비서관	**이승철**	전경련 부회장
차은택	전 창조경제추진단장	**이재용**	(삼성)
송성각	전 콘진원 원장	**정몽구**	(현대차)
김종덕	전 문체부 장관	**최태원**	(SK)
김상률	전 청와대 교문 수석	**구본무**	(LG)
김형수	전 미르재단 이사장	**신동빈**	(롯데)
김필승	전 미르재단 이사	**김승연**	(한화)
김영석	전 미르재단 이사	**조양호**	(한진)
김홍탁	더 플레이그라운드 대표	**손경식**	(CJ)

최순실 관련 예산

재벌 총수의 미르재단 총 출연금 : 486억 원

2017년 최순실 개입 의혹 예산액 : 4,185억 원

2015년~2017년 최순실 개입 의혹 총예산액 : 8,863억 원

콘텐츠진흥원 융복합 관련 : 4,805억 원

해외문화홍보원(재외한국문화원) 관련 : 1,253억 원

공예디자인문화진흥원(한복진흥센터) 관련 : 257억 원

문체부 인정 최순실 사업 추가 : 1,253억 원

"배운 것이 도둑질"

대한민국이 최순실 일당에 농락을 당했다. 헌정질서는 짓밟혔고 국정 시스템은 최순실 앞에서 허수아비가 되고 말았다. 대통령은 우리가 알고 있던 대통령이 아니었고 대한민국은 우리가 믿고 있던 대한민국이 아니었다. 최태민에서 최순실로 이어지는 비선 일당은 한 나라의 대통령 권력을 창출해 내었고 이미 엄청난 부를 축적해 놓았지만, 이들은 더 욕심을 부렸다. 역설적이게도 그 욕심이 대한민국 헌정질서를 국민의 손으로 바로잡는 계기도 불렀지만.

최순실과 박근혜는 퇴임 이후에도 끊임없이 돈을 공급받을 수 있는 파이프라인을 미르재단과 K스포츠재단에 연결하고자 했다. 이들은 재벌들의 출연금을 바탕으로 재단의 초기 세팅을 완료했다. 그리고 국민이 내는 세금을 정부 사업을 통해서 재단에 매년 공급했다. 이명박 정부가 4대강 사업과 해외 자원외교 사업을 크게 벌이는 식이었다면 최순실 일당은 대한민국이 망하지 않는 한 영원히 존재하는 큰 파이프라인을 대한민국 정부에 꽂은 것이다.

그런데 왜 하필 재단이었을까? 그 답은 최태민에서 찾을 수 있다. 최순실은 아버지 최태민이 육영재단을 통해 자금 모으는 법을 곁에서 지켜보았다. 그리고 (주)삼양이 박근혜에 헌납했던 한국문화재단을 직접 운영했다. 배운 것이 도둑질이라는 말처럼 이들의 예산 도둑질은 재단을 통해서 이뤄졌다.

재벌의 출연금을 씨앗으로 급조된 미르재단

박근혜 대통령 퇴임 후에도 권력과 부를 유지하고자 했던 최순실 일당은 문화재단과 체육재단 설립을 시도했다. 이들은 재벌로부터의 상납, 국가예산이라는 두 가지 루트로 자금을 준비했다.

최순실이 기획하고, 박근혜 대통령이 지시했다. 박근혜 대통령의 지시로 청와대 경제수석 안종범이 행동대장으로 활약했다.

2015년 7월 24일, 박 대통령은 재벌 총수를 순차적으로 독대하면서 미르재단에 대한 출연을 요청했다. 그러나 생각보다 재벌 총수의 자금 출연은 순조롭지 못했고 미르재단 설립은 두 달 이상 지지부진하기만 했다.
공소장에 따르면 이때 최순실이 착안한 것이 한·중·일 정상회담 참석을 위한 중국 리커창 총리의 방한이었다. 최순실이 리커창 총리의 방한을 어떻게 이렇게 빨리 알게 되었는지도 문제이지만 무엇보다 그들의 재단 설립을 위해서 문화산업의 경쟁력과 국가이익이 걸려 있는 문화 분야의 MOU(양해각서)를 동원했다는 것이다.

최순실에게 너무나 만만했던 재벌 총수들,
재단에 커다란 씨앗을 상납하다

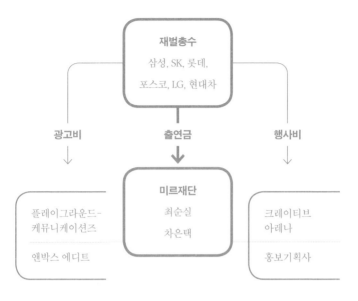

최순실은 정호성 전 청와대 부속 비서관에게 중국과 문화재단 간 MOU 체결이 좋으니 밀어붙이자고 했다. 박근혜 대통령은 이를 안종범 수석에게 전달하고 재벌 출연금 조달에 드라이브를 걸었다. 이렇게 미르재단은 대기업들로부터 거둔 486억 원의 출연금을 바탕으로 불과 8일 만에 탄생했다.

문화예산 농단 핵심 설계자,
최순실과 차은택

문화재단 설립의 또 다른 문제는 정부 예산을 가져오는 방법을 설계하는 것이었다. 사실 최순실과 박근혜는 그전에 한국문화재단을 운영해 본 노하우가 있었다. (주)삼양이 박근혜 대통령에게 상납한 것으로 알려진 한국문화재단은 2012년까지 32년간 박근혜 대통령이 이사장을 지냈고 최순실이 부설 연구원의 부원장으로 활동하면서 실질적으로 재단을 운영했다.

박근혜 대통령이 새누리당 요직에 있는 동안 재단 이사 출신들이 정부 예산을 뽑아내는 작업 경험이 있다. 박근혜 대선 캠프 기획조정특보로 활동한 최외출 영남대 교수가 새마을 ODA(공적개발원조) 사업에 개입했다는 의혹이 있었고 재단 이사 출신인 김달웅 씨는 비영리법인 한국청년취업연구원 설립을 허가받은 뒤 보건복지부 산하 보건산업진흥원이 지원하는 의료시스템 해외 진출 프로젝트 사업에 개입해 정부 지원금 6천만 원을 받았다는 의혹도 제기된 바 있다.[45]

최순실과 박근혜 대통령은 문화재단을 설립하기로 하고 난후 정부 예산을 뽑아낼 설계자를 찾았고 차은택을 낙점했다. 차은택은 함께 할 3명의 멤버를 최순실에게 요청했고 거짓말처럼 김상률, 김종덕, 송성각 이 세 사람은 각각 청와대 교

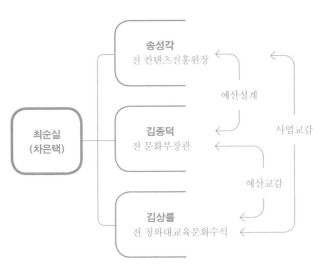

육문화수석, 문화체육관광부 장관, 한국콘텐츠진흥원 원장
이 되었다.[46]

차은택을 중심으로 하는
송성각, 김상률, 김종덕의 팀워크

차은택이 문화융성위원회 위원으로 8월에 등장했고 같은 달
차은택의 스승이자 동업자인 김종덕이 문체부 장관이 되었으
며, 같은 해 11월 차은택의 외삼촌인 김상률이 전 청와대 교
육문화수석이 되었다. 그리고 차은택의 소울메이트(천생배필)

송성각이 바로 다음 달인 12월에 콘텐츠진흥원장이 되었다.

그러나 차은택의 친구 3인방 중 핵심적인 역할을 한 사람은
콘텐츠진흥원장 송성각이다.

핵심 도둑 3인의 등장과 퇴장

융복합' 작전설계자들의 등장과 퇴장

	차은택	김종덕 전 문체부장관	김상률 전 청와대 교육문화 수석	송성각 전 콘텐츠진흥원장
2014년	문화융성위원회 위원 임명 (8월)	장관 임명 (8월)	수석 임명 (11월)	원장 취임 (12월)
2015년	창조경제추진 단장 임명 (4월)	미르재단 설립 (10월)	미르재단 설립 (10월)	최순실 문화융성사업 전담
2016년	구속(11월)	K스포츠재단 설립 (1월) 사임 (9월)	K스포츠재단 설립 (1월) 사임 (6월)	사임 (10월) 구속 (11월)

마치 범죄자들이 훔친 돈을 세탁해서 추적을 어렵게 만들고 문제가 없는 돈으로 만들어 맘 놓고 쓰듯이, 송성각의 역할은 문화체육관광부라는 정부 금고에서 뽑아낸 예산을 깨끗하게 세탁하는 역할을 맡았다고 보면 된다.

송성각이 콘텐츠진흥원을 통해서 정부 예산을 깨끗하게 세탁을 하면 이 예산들은 아무런 문제없이 또 추적하기도 힘들게 몇 개의 기관이나 회사들을 거쳐 결국 최순실이나 차은택의 주머니로 흘러들어 가는 구조이다.

예산 세탁이라는 표현이 과장된 것이긴 하지만 범죄의 돈 세탁과 매우 흡사하다. 법정 유관기관인 콘텐츠진흥원으로 예산이 흘러들어 가기만 하면 일단 문체부 공무원들은 지출 관리에 대한 중대한 책임은 벗게 되는 것이며 콘텐츠진흥원이 발주하는 계약들은 하청에 하청을 거쳐 추진되는데, 이를 국회, 심지어 문체부 담당자도 일일이 들여다보지 않기 때문이다.

최순실과 차은택이 설계한 회심의 작품, 작전명 '융복합'

이들은 콘텐츠진흥원으로 예산을 몰아넣어 예산을 세탁하고 이를 가장 안전하고 확실하게, 그리고 오랫동안 자신의 호주머니에 담을 방법을 고심했을 것이다. 이를 위해서는 몇 가지 조건이 필요한데, 다음의 조건이었을 것이다.

1   문화 관련 예산이어야 한다.
2   홍보기획사를 활용할 수 있어야 한다.
3   콘텐츠진흥원이 추진하는 사업이어야 한다.
4   '미래', '창조' 등의 박근혜 정부의 상징성을 담아서 추진력을 높여야 한다.
5   '신산업', '신기술' 등을 담아서 진입장벽을 만들어야 한다.

그리고 이들은 위의 5가지 방법을 모두 소화할 수 있는 방법을 찾아냈다. 그것은 바로 '융복합'이라는 포장지로 싸는 것이었다.

정확히 표현하자면 '융복합 문화산업 예산'. 이들은 본인들의 먹거리를 대한민국 미래 신사업으로 우아하게 포장했다.

이렇게 되면 미래산업 육성이라는 명목으로 예산을 쉽게 추진할 수 있고, 문화 분야 예산을 '융복합'이라는 기술적인 요소를 포함해 나름의 진입장벽을 만들 수도 있다. 거기에다가 문화산업에 활력을 넣는 역할을 하는 콘텐츠진흥원이라면 누구도 지적하지 못할 것이었다. 그리고 그들의 의도는 그대로 현실이 되었다.

나라살림연구소,

최초로 예산안에 적힌 'VIP'에 주목하다

2017년 문화체육관광부 예산안 中

문화예산 도둑들의 일사불란한 팀워크

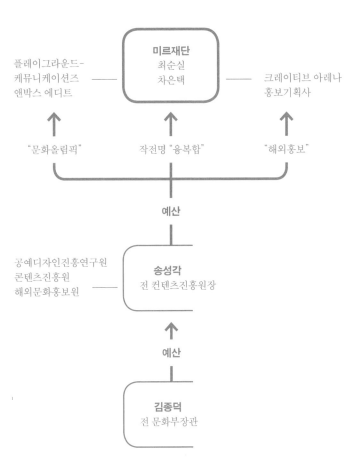

VIP 지시사항

: "평창동계올림픽을 우리의 전통과 문화·예술, 음식, 기술(ICT)을 보여주고 관광발전에 기여할 수 있도록 준비하며, 대회 후에는 '동아시아 문화관광 복합메카'가 되도록"(2015.4.7)

: 강원도가 가진 천혜의 아름다움에 우리의 문화 역량을 더하고 세계를 선도하는 첨단 정보기술산업과 융복합하여 잊지못할 감동을 전하는 인류의 축제로 만들어야겠다. 세계인들의 기억과 미래에 길이 남을만한 올림픽이 되도록 힘과 열정을 모아달라.(2015.5.16 G-1000일 영상 메시지)

2017년 정부 예산안 '융복합' 등장 횟수

부처명	총예산액	등장횟수
미래창조과학부	약 12조	129번
문화체육관광부	약 7조	227번

우리가 알던 VIP는 VIP가 아니었으니.

이제는 세상이 모두 알게 된 사실이지만, 처음 2017년 정부 예산안을 볼 때만 해도 '왜 이렇게 VIP가 많아'라는 퉁명한

반응 정도였다. 그러다가 이상하다 '문체부에 왜 이렇게 몰려 있지?'라는 생각에 이르게 되었고, 전체 부서 예산안에 등장하는 VIP 숫자를 모두 세어보고 나서야, 뭔가 문제가 있다는 확신에 이르게 되었다.

그렇게 분석한 것이 앞의 장에서 설명하였던 VIP의 문제였고, 여기서 한 걸음을 더 나아가는 데에는 얼마 시간이 걸리지 않았다. VIP가 등장하는 사업들이 대부분 콘텐츠진흥원이 추진하는 사업들에 집중되어 있었다. 특히 이 사업들이 '융복합'이라는 문화 분야에서는 아주 생소한 키워드로 추진되고 있었다.

미래창조과학부는 문화체육관광부보다 예산도 2배가량 많고, 신산업과의 관련성도 높다. 하지만 '융복합'이 포함된 사업수는 문체부의 절반 수준에 그쳤다.

더 놀라운 일은 '융복합'이 포함된 세세사업들은 모두 2016년과 2017년을 지나면서 급증하고 있었다는 것이다. 그리고 이상할 만큼 "K"라는 키워드를 사용하는 사업들이 많았다. 그리고 이 사업들의 추진 주체는 "한국콘텐츠진흥원"이었다.

**문체부 예산안 설명 중 '융복합'이
등장하는 세세사업**

| 1 | 한류융복합프로젝트 |

'융복합'이 등장하는 사업들의 추진 주체는 모두 한국콘텐츠진흥원

사업명에 융복합이 포함된 세세사업은 26개에 이르렀다. 이 모든 사업의 사업추진주체는 한국콘텐츠진흥원이다.

	융복합 등장 세세사업명	추진 주체
1	한류융복합프로젝트	한국콘텐츠진흥원
2	한류문화 종합박람회	한국콘텐츠진흥원
3	해외현지마케팅 활성화	한국콘텐츠진흥원
4	중소 콘텐츠기업 수출경쟁력 강화	한국콘텐츠진흥원
5	신흥시장 개척지원 및 해외진출유공자 포상	한국콘텐츠진흥원
6	한중 문화콘텐츠 협업DB구축	한국콘텐츠진흥원
7	정부간 문화콘텐츠 협력네트워크 강화	한국콘텐츠진흥원
8	문화콘텐츠 해외진출 지원	한국콘텐츠진흥원
9	융합선도형 제1센터 운영	한국콘텐츠진흥원
10	지역기반형 랩 운영 지원	한국콘텐츠진흥원
11	지역특화 문화콘텐츠 개발	한국콘텐츠진흥원
12	문화창조융합센터 사업 지원	한국콘텐츠진흥원

콘텐츠진흥원 '융복합'관련 세세 사업 예산 추이 (단위 : 백만원)

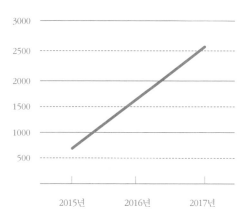

24	VR 콘텐츠 체험존 조성	한국콘텐츠진흥원
25	VR 해외유통센터 구축	한국콘텐츠진흥원
26	문화산업 선도형 기술 개발	한국콘텐츠진흥원

이 사업들의 예산 증가는 좌측 하단과 같다.

2년 사이에 무려 2천억 원이 늘었다. 이 수치는 '세부사업' 기준이 아니다. 세부사업은 이보다 훨씬 큰 단위라서 세부사업으로 계산하면 예산액은 훨씬 더 커진다. 가장 낮은 단위의 세세사업으로 도려내어서 정리했는데도, 무려 2천억 원이 늘어나 버린 것이다. 즉, 최소액으로 잡은 것이 이것이다.

2014년 하반기, 차은택이 문화융성위원회 위원으로 위촉된 이후 자신의 작업 멤버들을 하나하나 채우더니 콘텐츠진흥원 예산으로만 2,000억 원어치의 먹거리를 만들어 낸 것이다.

특히나 2017년 예산안이 결정되는 과정에서 이 사업들은 매우 독특한 모습을 보인다. 대개 부처에서 기재부에 예산요구서를 제출해서 '내년 예산은 이만큼 채워주십시오.'라고 요청을 하고 기재부는 이를 심사해서 '이 정도로 조정하겠습니다.'하고 좀 깎아서 조정하는 것이 일반적이다.

그러나 문체부는 무려 4차례나 걸쳐서 예산요구서를 변경하며 기재부에 예산 요구를 하였고 마지막 예산요구서 자료는 실제 존재하는지조차 확인이 어렵다. 그 사이에 콘텐츠진흥원 문화 융복합 사업들은 끊임없이 예산 요구액이 증가했고 심지어 새롭게 사업이 탄생하기도 했다. 그리고 기재부는 군소리 없이 대부분의 예산 요구액을 이례적으로 그대로 확정해 주었다.

갑자기 2016년 10월 27일, TV조선에서 특종이 하나 터진다. 최순실의 문화융성 사업 예산 문건이다.

당황한 문체부, 본인들이 작성한 문건이 아니라고 답하다

10월 27일, TV조선은 최 씨의 측근들로부터 입수했다고 하면서 최순실이 직접 작성하거나 검토한 5가지 문화융성에 관한 보고서를 보도했다. 이 문건들에 등장하는 사업들은 '문화창조센터 건립', '관광 콘텐츠 개발 및 보급', '대형 융합 공연', '명품 브랜드와 한복의 콜라보 패션쇼', '드라마 영화 뮤지컬 제작 지원' 등 12개 사업과 28개 프로젝트였으며, 각 사업과 프로젝트에 대해서는 소요 예산까지 제시되어 있었는데 총 예산액은 1,796억 원이었다. 놀랍게도 콘텐츠진흥원이 추진하는 융복합 사업들과 80% 수준으로 일치하는 사업들이었고, 2015년부터 추진되었다고 본다면 융복합 사업의 증가액과도 거의 일치한다.

2014년에 작성한 최순실의 문화융성 예산 문건,
콘텐츠진흥원 융복합 사업과 일치해

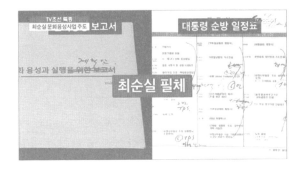

[TV조선, 문건 공개] 최순실, 1,800억 문화융성 예산안 직접 짰다 / 2016.10.27

콘텐츠진흥원 추진 예산 (단위 : 백만원)

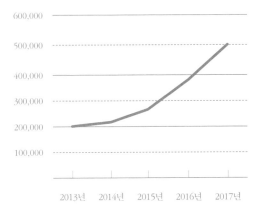

이를 보도한 언론사에서는 문체부에 이러한 문건을 작성한 바가 있는지 문의하였고 문체부는 즉각 본인들이 작성한 적이 없다고 답변했다. 이런 사업기획에 예산액까지 정확하게 추산해서 정리하는 것은 현역 관료의 도움 없이는 매우 힘든 일이다.

이렇게 최순실의 문화융성 사업 보고서는 2014년 8월 문화융성위원회 위원으로 위촉된 차은택이 거의 그대로 자신의 보고서인 양 문체부에 제출한 것으로 알려져 있고[47] 이 사업들은 오히려 예산액이 증액되면서 무서운 속도로 추진이 되었다. 그들의 기획대로 예산은 콘텐츠진흥원으로 쏟아져 들어갔고 그래프에서 보다시피 융복합 사업 예산액이 증가한 2,000억 원만큼 콘텐츠진흥원이 관여하는 정부 사업 예산액도 그만큼 증가했다.

기획사 출신의 습격을 받은 정부의 문화예산, 더 나아가 조직 장악 의혹까지

작전 설계자	차은택	제일기획 출신 / 예산농단, 포레카 강탈 시도
콘텐츠진흥원장	송성각	제일기획 출신 / 예산농단, 포레카 강탈 시도
전 포레카 대표	김영수	제일기획 출신 / 예산농단, 포레카 강탈 시도
플레이그라운드커뮤니케이션즈 대표	김홍탁	제일기획 출신 / 예산농단, 포레카 강탈 시도
뉴욕 문화원장	오승제	제일기획 출신 / 제일기획 후배가 자리 추천
파리 문화원장	박 모씨	현대그룹 계열 기획사 출신 / 지인이 자리 추천

기존 뉴욕문화원장 내정자,
짐까지 쌌지만, 출국 5일 전 경질

해외문화원장은 문체부 공직자들이 매우 선망하는 자리라고 한다. 한국을 홍보하고 한류를 확산시키는 중요한 업무를 담당하는 데다가 주로 선진국에 있어서 인기가 높다. 그중에서도 특히 주 뉴욕 한국문화원장은 이 같은 이유로 핵심 보직으로 일컬어진다.

실제로 2014년 11월, 시험과 면접을 통해서 압도적인 점수를 얻은 용모 씨(청와대 교문수석실 행정비서관(국장급))가 꿈에 그리던 주 뉴욕 한국문화원장으로 내정됐다. 용 씨는 뉴욕에 거주할 집을 빌리고 지인 등과 송별회까지 했지만, 출국 5일 전에 청천벽력과도 같은 소식을 받는다. 경질 통보를 받은 것이다.[48]

그리고 2015년 7월, 뉴욕문화원장과 파리문화원장을 '개방형'에서 '경력개방형'으로 직위를 바꾸어 더는 공무원이 지원할 수 없도록 바꾸었고, 곧이어 좌측에 정리한 바와 같이 제일기획 출신인 오승제와 이노션 출신 박모 씨가 각각 뉴욕과 파리문화원장에 발탁되었다.

국민의 관심이 차은택에서 멀어졌기 때문일까. 오승제 뉴욕문화원장은 '만약 국가에 해가 된다면 물러나겠다'는 말까지 남겼지만 지금은 '더욱 열심히 일하겠다'로 바꿔 말하고 사퇴 압박을 정면 돌파하고 있다.

사태 전후를 보자면 내정자까지 출국 5일 전에 잘라버리고 직위 형식마저 바꾼 뒤에 두 자리 모두 광고인사로 채우는 전 과정이 석연치 않다. 이들은 과연 차은택의 큰 그림의 희생양일까 아니면 방조자일까, 아니면 적극적인 협조자일까?

차은택, 송성각 등장 이후
3배가 늘어난 해외문화홍보원 예산

우측에서 확인할 수 있는, 최순실이 작성했다고 알려진 문화융성 보고서에는 다음 두 가지가 등장한다. '국가 이미지 홍보', '해외 문화원 활성화'. 앞서 살펴보았던 콘텐츠진흥원의 융복합 사업들이 최순실의 문화융성보고서의 내용과 대부분 일치하지만, 이 두 가지가 빠져있다. 빠져있는 두 가지가 바로 해외문화홍보원 예산안에 등장하고 있다.

과연 우연일까? 그래프를 보면 해외문화홍보원 예산액이 무려 3년 사이에 3배가 늘어서 500억 원이던 예산액이 1,500억 원으로 늘었다. 그리고 상기 표에서 확인되듯이 최순실이 언급한 국가 이미지 홍보 사업과 재외 한국문화원 운영 사업의 예산이 그 증가를 주도하고 있다.

급증한 해외문화홍보원의 최순실 예산

[TV조선, 문건 공개] 최순실, 1,800억 문화융성 예산안 직접 짰다/ 2016.10.27

해외문화홍보원 예산 (단위 : 백만원)

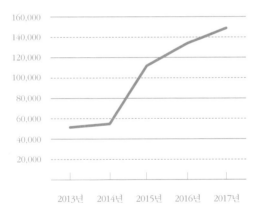

해외문화홍보원 2013~2017년 예산 추이

세부 사업명	추진 주체	2013년 결산안	2014년 결산안	2015년 결산안	2016년 결산안	2017년 정부예산안
국가이미지 홍보	문화체육관광부, 해외문화홍보원, 재외 한국문화원, 문화예술단체	9,918	12,969	17,722	15,790	16,482
세부사업명	추진주체	2013년 결산안	2014년 결산안	2015년 결산안	2016년 결산안	2017년 정부예산안
미디어홍보	문화체육관광부, 해외문화홍보원 등	7,709	6,931	8,133	7,672	8,230
재외 한국문화원 운영	해외문화홍보원, 재외 한국문화원	28,097	30,247	39,530	67,324	97,969
다국어 포털 시스템운영	해외문화홍보원	1,532	663	1,075	1,075	949
해외관광문화 센터 건립	해외문화홍보원	489	9	46,317	42,680	23,669
문화예술 해외교류	해외문화홍보원	2,418	3,513	3,514	2,773	2,622

'융복합'과 '해외홍보'는 미르재단의 주 종목

이 문건에 등장하는 사업들은 단순히 최순실이 문화예산 사업을 주무르려는 욕심이나 이 사업으로 차은택 주변의 기획사들의 배를 채워주려는 정도의 의미가 아니다.

이 사업 계획은 곧 설립할 '미르재단'이 정부 예산 사업을 받아서 추진할 주 종목들을 설계한 것이라고 보는 것이 정확하다. 사실 문건에 등장하는 대부분 사업들은(아니 거의 모든 사업들은) 최순실의 머리에서 나왔다기보다는 이미 문체부에서 기존에 추진하고 있거나 계획으로 갖고 있던 사업들이다. 다만 최순실은 정부 문화 관련 사업들 중에 어떤 사업을 미르재단의 사업으로 가져갈 것인가를 고민했던 것이고, 그렇게 고른 사업들을 최대한 덩치를 키워서 더 크게 먹고자 했던 것으로 해석해야 한다.

미르재단이든 K스포츠재단이든 재단으로 예산을 뽑아내는 계획은 단순하다. 먼저 정부 예산이나 지자체 예산으로 시설이나 센터 설치 등의 초기 인프라를 구축한다. 그리고 해당 사업 운영권을 미르재단이 가져간다. 그 후에 구체적인 세부 사업 진행을 내 입맛에 맞는 기획사에 맡긴다(하청). 물론 법과 제도를 모두 유리하게 바꿔서 사업 운영에 들어가는 모든 돈을 정부 예산이나 지자체 예산으로 충당하면서 인력 운영비를 뽑아낼 것이고, 수익은 수익대로 얻으려고 했을 것이다. 그리고 부족한 실력은 홍보기획사들에 하청을 주는 방법으로 해결하며, 자기 식솔들 밥 먹여주는 동시에 대형 기획사에 큰 먹거리를 던져주는 방식을 설계했다.

다시 보는 이들의 설계,

이들은 왜 이리 융복합과 해외홍보에 집중했을까?

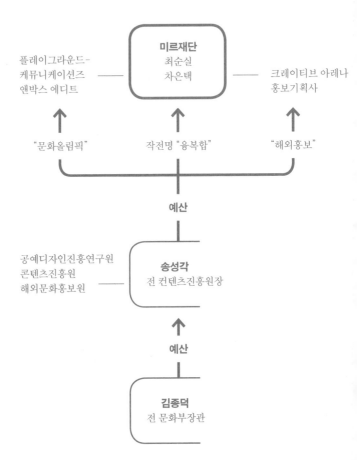

**딴 놈 못 들어오게 막고
정부의 감시는 피하고**

이들은 융복합을 자신들 이외에 다른 이들이 넘볼 수 없는 장벽으로 활용하였다. 최순실의 계획에도 존재하듯 융합대학원을 개설하고 전문가 네트워크 구축을 통해서 진입시킬 회원사들, 즉 대형 기획사와 선수로 뛸 교수들을 관리하려고 했다. 또한, 그에 대한 연구 지원 비용까지 계획했다.[49]

또한, 신산업으로 포장하면 예산을 늘리기가 쉽다는 사실을 잘 알고 있었다. 수출산업 성격까지 부여해 해외 사업으로 설계하면 예산도 늘리고 해외에서 돈을 쓰니 현장조사를 피하는 동시에 정산마저 속일 수 있는 여지가 커 여러 가지로 매력 있는 설계가 되는 것이다. 거기에 미래 신산업 육성과 문화 수출이라는 큰 명분까지 얻으니 큰 탈 없이 추진할 수 있으리라 믿었을 것이다.

마찬가지의 논리로 해외 홍보의 경우도 한류 활성화라는 문화 수출 산업적인 측면과 해외 직접 홍보 증대라는 '해외' 코드를 결합해 예산 증대와 해외 집행의 두 측면을 모두 활용하려고 했다.

다시 정리하면 최순실과 차은택은 '문화' + '신산업' + '수출' + '한류' + '해외'라는 코드를 이리저리 조합해서 누구도 넘보기 힘든 미르재단의 장기간 중앙정부 예산 뽑아먹기 프로젝트를 설계한 것이다.

또한, 이들은 이미 존재하는 문체부의 문화정책 사업들을 정확하게 파악하고 자신이 먹고 싶은 부위만 살을 찌워 먹으려는 현명함(?)을 보여주었다. 그러나 기존 사업들의 정책정보와 히스토리, 전망 및 의견을 정리해주고 문서나 자료를 최순실에게 제공한 문체부 관료는 분명히 존재할 것이다. 문화예산사업에 대한 이해가 깊은 문체부 관료의 도움 없이 이 정도 수준의 미르재단 먹거리 설계 작업은 상상할 수가 없기 때문이다.

문체부는 지난 10월 29일 최순실 문건에 언급된 사업들이 이미 문체부가 기획하고 추진하려고 했던 정책이었다고 발표한 바 있다. 이들은 최순실이 문체부의 문화정책 전반의 틀을 짰다는 오명에서 벗어나고 싶었을 것이다. 그러나 이들의 투철하고 치밀한 해명에도 불구하고 반박할 수 없는 문제가 하나 있다. 그렇다면 왜 최순실이 문건에 언급한 사업들만 죄다 예산이 폭증했냐는 것이다.

최순실이 문화와 관련해서는 타의 추종을 불허하는 전문가라서 문화예산 세부 증가 내역까지 치밀하게 예측했던 것일까? 아니면 예지력이 있어서 미래의 문체부 예산안을 미리 봐버렸던 것일까?

과연 문체부에서 누가 이토록 세밀한 계획까지 일일이 최순실에게 정책정보를 문서로 전달하고 설계에 대한 꼼꼼한 조언을 했을까. 이들은 문체부의 문화정책이 최순실의 머리에서 나왔다는 오명은 벗었는지 모르겠지만, 정보를 제공하고 조언을 해주고 결국 예산까지 맞추어 증액되도록 노력한 관료 부역자의 존재를 확신시켜 주었다.

다음의 문체부 해명 관련 언론 보도는 이 과정에 대한 상세한 자기고백이다.

뉴스1. 2016.10.29. 박창욱 기자

문체부 "최순실 문건 언급된 사업, 이미 기획·추진하던 정책"

"'최 씨측 문화융성 정책 틀 짰다' 보도 사실과 다르다."
"차은택 씨에게 문화융성 제안서 받은 사실 없다"

…

문체부는 "일부 언론에서 '대한민국 창조문화융성과 실행을 위한 보고서'(2014년 6월 17일) 제하 문건대로 정부 사업이 추진되었다고 보도하고 있으나, 위 문건 보도에서 확인 가능한 사업 아이템들은 이 문건 작성일 이전에 이미 문체부가 추진했거나 계획한 정책 또는 사업들과 사실상 차이가 없다"고 했다. 그러면서 "최 씨 측 문건 보도화면에서 보이는 '킬러 콘텐츠'와 관련해 '킬러 콘텐츠 육성'은 2000년경부터 문체부 사업 화두 중 하나로서, 2013년 문체부 업무계획에도 이미…

아울러 '신진예술인'과 관련해선 2013년 문체부 예술정책관 업무보고에서 이미…

문체부는 '아리랑' 콘텐츠와 관련해 "이미…

이어 "융·복합공연예술축제 '파다프'(PADAF)의 경우는… 해당 문건 작성 시점인 6월 17일보다 빠른 6월 10~15일에 이미…

'융복합 상설공연장'과 관련해서는 "이미…

문체부는 "언론에 보도된 또 다른 표제 미상의 문건에 담긴 사업 목록들도 최소한 2014년 6월 이전에 이미…

'관광콘텐츠 개발'에 대해서는 이미…

'실버문화육성'관련해서는 이미…

문체부는 '청소년 문화융성'도 이미…

'국가 이미지 홍보 사업'은 문체부 직제규정 제정 당시…

'한국해외문화원 활성화 방안'은 2013년 업무계획에 이미…

문체부는 "최씨 측 문건의 '문화창조센터 건립'은 '문화창조융합벨트'로 확산돼 진행되고 있다고 보도했는데, 이미…

…

만약 문건을 최순실이 작성했다면, 최순실은 이렇게 방대한 문화정책 정보에 대한 설명을 누군가에게서 자세하게 들은 후 미르재단으로 끌고 갈 사업을 골랐을 것이다. 그리고 모두가 알다시피 최순실이 고른 사업들은 모두 2017년 예산안에 더 증액이 되어 올라왔다.

콘텐츠진흥원 해외사무소 명칭을 'K-콘텐츠 수출지원센터'로 변경

최순실은 유독 알파벳 'K'를 좋아했다. K스포츠재단, K스타일허브, K스포츠클럽, K컬처밸리, K스포츠타운, K무브, K콘텐츠 수출지원센터, K콘텐츠 쇼케이스, K콘텐츠 해외마케터, K게임, K드라마, K뮤직, K로드쇼, KNock, K코믹스, K-VR, K패션, K타워, K콘텐츠페어, K컬처쇼, 원더풀 K-fish, K-Experience, K-pitch, K-루키즈, K-스토리, K-뷰티, K-스타트업, K-방송콘텐츠 피칭 등 셀 수 없이 많은 주제와 사업들의 명칭들이 2014년을 지나면서 우후죽순 생겨났고 이러한 사업들은 하나둘 최순실 예산으로 드러나고 있다.

문체부는 K가 붙었다는 이유로 낙인이 찍히는 것에 대해서 매우 불편해하고 있다. 그러나 기존의 사업 명칭이 K로 바뀌어서 최순실 먹거리로 준비된 대표사업인 K스포츠클럽 사업만 보더라도 K스포츠재단 관계자가 직접 문체부 공무원과 함께 전국을 다니며 사업을 벌인 사례들이 있다.

여기서는 기존에 있던 콘텐츠진흥원의 해외사무소 명칭을 'K-콘텐츠 수출지원센터'로 변경하고 예산이 급증한 사례이다. 거점과 공간은 콘텐츠진흥원이 마련하고 인력파견과 행사 진행 등의 사업은 미르재단이 담당하는 방식으로 재단이 이익을 챙기려 했다.

최순실이 좋아하는 'K', 먹을 것 미리 찜하다? -
"K-콘텐츠 수출지원센터"

사업명 : (7) 문화콘텐츠 국제협력 및 수출기반 조성(1231-303

해외현지마케팅 활성화 사업 (단위 : 백만원)

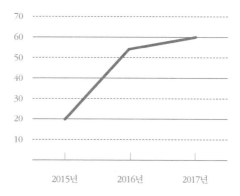

K사업들의 면면을 보면 대개 산업과 기업의 해외 진출을 돕는다는 명목으로 쇼케이스나 박람회 등의 행사들이 반드시 끼어 있고 여기에 들어가는 예산이 가장 큰 경우가 적지 않다. 미르재단은 사라졌지만 이러한 사업들은 여전히 살아남아 대형 홍보기획사에 좋은 먹거리 예산이 될 것이다.

**시설 구축에만 7천억 원,
대통령이 해도 이렇게는 못 늘리지**

최순실의 문화융성사업 문건의 핵심 콘텐츠가 종합적으로 실현되는 계획이 바로 문화창조융합벨트 사업이다. 앞서 정리했지만, 미르재단으로 최순실이 정부 예산을 훔치는 방식은 시설, 센터 등 인프라 구축으로 정부 예산을 쏟아부은 다음에 완성된 시설과 사업 운영권을 미르재단이 홀라당 가져가는 방식이다. 물론 운영에 들어가는 모든 비용은 정부가 대부분 지원하게 되며 재단의 수익사업들은 그것대로 챙겨가게 될 것이다. 물론 실제 사업 진행은 하청을 주는 방식으로 기획사들이 진행할 것이고 핵심 기획사들은 하청에 하청을 주게 될 것이다. 하청의 끝머리쯤에는 들어보지도 못했던 최순실이 실소유주인 회사가 하나 등장할 것이고 정부 예산이 최순실 통장에 입금이 되면 돈벌이는 마무리된다.

2016년, 2017년 문체부의 증가한 문화예산사업들을 보고 있으면 한 줄기의 흐름이 잡힌다. "문화산업 육성과 해외 진출 활성화"라는 명목으로 문화산업정책과가 기획한 모든 프로그램 사업들이 '문화창조융합벨트 구축'을 중심으로 배열되고 이 사업들의 줄기가 뻗어 해외에 자리를 잡아 집행되는 거점이 콘텐츠진흥원의 K콘텐츠 수출지원센터와 재외 한국문화원이 되는 것이다. 그리고 집행 거점의 씨앗을 뿌리는 역할은 해외 마케터들이 수행을 하고.

하단 그래프로 확인되듯이 한 해 천억 원이 넘는 수준으로 예산이 폭증하고 있다. 여기에 향후 운영비까지 고려해보면 단위는 몇 조 원이 될 터였다. 누구라도 이렇게 얘기할 법하

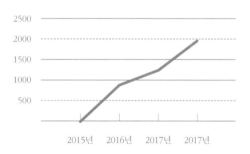

최순실과 차은택이 구상한 미르재단 핵심사업 –
"문화창조융합벨트 구축"

사업명 : (21) 문화창조융합벨트 구축(1231-329)

문화창조융합벨트 구축 (단위 : 백만원)

2500
2000
1500
1000
500

2015년   2016년   2017년   2017년

다. "이건 대통령이 해도 이렇게 못한다." 그러나 누군가 이에 이렇게 대답했을 것 같다. "내가 하면 돼"

**재외 해외문화원,
미르재단 해외지부 전락 위기**

그래프를 보면 경사가 대단하다. 3백억 원도 안 되던 예산이 몇 년 사이에 무려 1,000억 원으로 늘어났다. 특히 2016년과 2017년에 엄청난 증가를 보여주고 있는데, 이 과정도 심상

최순실 문화예산 집행의 또 하나의 거점,

한국문화원

사업명 : (113) 재외 한국문화원 운영(3131-304)

재외 한국문화원 운영 (단위 : 백만원)

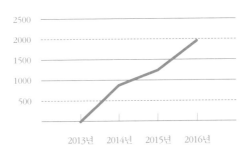

치 않았다.

처음에 문체부에서 제출한 예산요구서에는 2017년 예산 요구액이 648억 원이었다. 전년도보다 오히려 감소한 액수였다. 그러나 기재부로 제출되는 과정에서 갑자기 예산 요구액은 폭증하게 된다. 갑자기 980억 원이 된 것이다. 물론 이조차 문체부가 정식으로 예산요구서를 제출했는지는 끝내 확인되지 못했다. 그리고 기재부는 이 많은 예산을 깎지도 않고 자동문처럼 문을 그대로 열어 주었다.

2017년 예산안은 미르재단이 정부 예산을 훔치는 설계가 완성되어야 하는 마지막 기회인 만큼 최순실과 차은택은 예산안이 확정되는 그 순간까지 공을 들였던 것 같다.
그 증거는 여러 군데에서 발견된다. 먼저 2017년 신규로 등장한 '재외문화원 한식문화교육 지원' 사업이다. 10개소 문화원에 18억 원을 지원하는 사업인데, 이미 미르재단은 농수산식품부에서 '한식 세계화' 사업을 뺏어오는 과정에서 구설에 휘말린 바 있기 때문이다.
다음 언론 보도를 보면 이들이 얼마나 치밀하게 계획하여 움직였는지 쉽게 이해할 수 있다.

시사인. 2016.11.30. 이오성 기자
한식 세계화에도 미르재단 검은 손이
이명박 정부 때 시작한 한식 세계화 사업에 미르재단이

뛰어들었다. 프랑스식과 한식을 융합한 요리 전문학교를
한국 내에 설립하겠다고 발표했다. 농식품부가 추진했던
사업이 갑자기 넘어간 것이다.

4월22일 김형수 전 미르재단
이사장(왼쪽)이 에콜
페랑디와 한국에 요리
전문학교를 설립하기로 하는
합의각서(MOA)를 체결한
뒤 장폴 베르메스 프랑스
상공회의소 의장과 악수하고
있다. (미르재단 홈페이지)

전략(前略)

의혹의 중심에 미르재단이 있다. 미르재단은 올해 4월
22일 프랑스 '에콜 페랑디'와 합의각서(MOA)를 체결하고
프랑스식과 한식을 융합한 요리 전문학교(페랑디-미르)를
한국 내에 설립하겠다고 발표해 화제가 되었다. 에콜
페랑디는 100년 전통을 자랑하는 요리학교다. 문제는
그동안 에콜 페랑디 사업을 추진해왔던 곳이 정부기관인
농림축산식품부 산하 농수산식품유통공사(AT)였다는
점이다. AT는 2013년부터 에콜 페랑디 정규 수업
과정에 한식을 넣는 방안을 협의하는 등 이 사업에 공을
들여왔다. 그러다 올 들어 느닷없이 미르재단이 에콜
페랑디 사업을 추진하면서 논란이 불거졌다. 최순실
게이트 이후 AT가 이 사업을 미르재단에 '상납'한 것
아니냐는 의혹이 제기되었다. 당시 AT 사장이었던
김재수 씨가 농식품부 장관으로 발탁된 것과 연관이

있지 않겠느냐는 의혹도 제기됐다. 이성한 미르재단 전 사무총장은 "에콜 페랑디 사업의 최종 결정권자는 최순실·차은택이다"라는 주장을 내놓으면서 논란은 더욱 커졌다.

중략(中略)

박근혜 대통령도 움직였다. 박 대통령은 3월 24일 프랑스 미식주간 행사에 참석해 "프랑스 명문 요리학교인 에콜 페랑디가 한국에 요리학교를 세우고 한식 과정을 만드는 것은 큰 의미가 있다"라고 말했다. 미르재단과 에콜 페랑디가 정식 MOA를 체결하기 한 달 전 일이다. 박 대통령이 이미 미르의 사업 진행 상황을 상세히 파악하고 있었다는 이야기다.

공교로운 일은 또 있다. 미르와 에콜 페랑디의 MOA 체결 보름 전인 4월 7일 한식재단 새 이사장으로 윤숙자 씨(한국전통음식연구소 소장)가 취임한다. 윤 이사장은 차은택 씨와 함께 문화융성위원으로 활동했던 인물이다. 한식재단 안팎에서는 이때 이미 차은택씨와 윤 이사장의 관계에 대해 말들이 나왔다. 윤 이사장은 취임하자마자 한식아카데미 설립의 필요성을 역설했다. 박 대통령 역시 이즈음 한식아카데미 설립을 강조하는 발언을 내놓았다. 일각에서는 한식아카데미를 한국 내 '페랑디-미르'의 거점으로 삼으려 한 것 아니냐는 의혹도 제기한다. 이 모두가 미르와 에콜 페랑디의 MOA 체결을 눈앞에 두고 벌어진 일이다.

후략(後略)

이같이 박 대통령까지 동원되는 짙은 의혹 속에 농식품부에서 문체부로 넘어온 '한식 세계화' 사업은 재외 한국문화원 운영 사업에는 '재외문화원 한식문화교육 지원'이라는 세세 사업으로 18억 원이 책정되었다. 예산안에는 친절하게 'VIP 지시사항'임을 강조하고 있다.

2017년 문체부 예산안 사업설명 中

○ 재외문화원 한식문화교육 지원: ('17년 신규) 1,800백만원
  ▪ '한식문화의 세계화' VIP 지시사항 이행에 따른 신규 세사업
  ▪ 산출내역: 1,800백만원(180백만원×10개소)
    가. 한식문화교육 표준 교육과정 및 교재 개발 300백만원(300백만원×1회)
    나. 한식전문인력 선발교육 100백만원(100백만원×1회)
    다. 한식전문인력 파견활용 1,400백만원(140백만원×10개소)
      - 파견인력 사례비 400, 항공숙박비 100, 식재료 400, 현지교육기관 및 식당 연계 한식문화행사 500
  ▪ 수요조사 통해 조리시설 등 교육환경, 한식문화 전파 가능성 등 감안하여 선정

거기에 문화원 용지와 건물을 임대하는 형식이 아니라 국유화하기 위해 예산을 크게 늘렸다. 대통령 순방 이후 신설하는 이란 문화원도 임차가 아닌 매입을 결정하면서 건물 매입에만 80억 원을 책정했고 공사비로 34억 원을 책정했다. 또 아르헨티나와 브라질도 임차 청사를 국유화하겠다고 233억 원의 매입비와 공사비를 책정했다.

예상이 맞는다면 브라질 K-콘텐츠 해외 마케터의 활동 거점은 신설되는 브라질 재외 한국문화원이 될 것이고 본래 계획은 이곳에 마케터가 자리를 마련하면 K-콘텐츠 수출지원센터가 진출할 공산이 컸을 것이고 향후 미르재단의 남미 활동

의 거점으로 삼을 터였다.

또 하나의 특혜 의혹, VR(가상현실)[50] 예산

2017년 문체부 예산안에 자주 등장하는 '가상현실(VR)' 관련 사업이다. 바로 'K-Culture 체험관 운영' 사업. 5개의 문화원마다 8억 원씩 지원하기 위해 40억 원의 신규 예산을 책정했다.

2017년 문체부 예산안 사업설명 中

◇ K-Culture 체험관 운영: ('17년 신규) 4,000백만원
 ▪ 한식, 한복, 공예, 문화제 등 한국문화 및 우수문화상품을 인터랙티브 미디어,
  가상현실(VR), 홀로그램 등 ICT 기술을 활용하여 전시
 ▪ 산출내역: 4,000백만원(800백만원×5개소)

가상현실(VR) 관련한 사업 예산은 이번 국회에서 상당 폭으로 삭감을 당했다. 그 배경에는 최순실의 측근이라고 알려진 고든미디어 대표 마해왕 씨가 있다. 마 씨는 최순실이 비밀 회동을 한 것으로 알려진 강남 고급 카페 운영업체에 등기 이사로 있으며, 박근혜 정부 출범 뒤에 승승장구하며 서울 광화문의 문화창조벤처단지에도 입주했다.[51]

최근 대통령이 주재한 제10차 무역투자진흥회의(2016.7.7.)에서도 신산업육성의 대표주자 격으로 주목받기도 했던 가상

현실(VR) 사업은 지난 10월 7일에는 2020년까지 4,000억 원을 투자하겠다고 발표하기도 했다. 특정 분야의 사업에 이렇게 집중적으로, 그것도 특정 중소기업을 염두에 두고 투자하는 경우는 아마 이번이 처음일 것이다. 최순실은 순전히 정부와 민간의 투자금액을 몰아주어 각종 관련 시설과 센터도 구축하고 그곳에 VR 관련 기기들도 고든미디어를 통해서 채우고자 했던 것으로 생각된다. 제10차 무역투자진흥회의는 그 노골성을 보여준다.

VR에 예산 집중을 주문한 대통령, 문체부가 강하게 응답하다

대통령이 주재한 회의에서 나온 VR 관련 투자 내용이다. 미래부는 ① 상암 DMC를 VR 산업 발전의 거점으로 육성하겠다고 발표했고 그곳에 VR 인프라를 확충하기 위해 ② VR 콘텐츠 관련 각종 장비와 시스템을 구축하겠다고 발표했다. 거기에 ③ 신성장 R&D 세액공제 대상에 VR을 추가하고 ④ VR 원천기술 및 콘텐츠 응용기술 연구개발을 추진하는 기업에 맞춤형 지원을 약속했다. 또한, ⑤ 정부가 직접 VR 콘텐츠 개발에 필요한 핵심기술 개발사업을 추진하며, ⑥ 기술력을 가준 기업에 대해서는 연구 비용을 지원하고 ⑦ 전자통신연구원을 동원하여 기업 연구소 역할을 수행시키겠다고 발표했다. 또한, ⑧ 앞으로 2년간 민관합동으로 약 600억 원의 투자금을 조성해서 VR 대형 프로젝트에 투자를 진행하겠다고 발표하기도 했다. 그리고 ⑨ 전문 운용사를 선정하여 국내 VR 중소벤처기업에 투자할 것이며 ⑩ 문화창조아카데미의 교육과정에도 VR을 포함하겠다고 발표했다. 또한, ⑪ 개발된 VR 기술을 활용할 수 있는 융복합 콘텐츠 개발도 지원하겠단다.

문체부는 ⑫ 관광, 한류, 게임, 영상 분야에서 지원하고 산업부는 ⑬ 수송, 의료 분야 등 가상훈련용 프로그램 개발을 위해서 애쓰기로 약속했다. 그뿐만 아니라 ⑭ 국민 인식 제고를 위해서 문체부는 문화 및 관광, 콘텐츠 시설(공항, 관광안내센터, 박물관, 미술관, 문화창조융합벨트 내 시설 등 전부야)에 특화 체험관을 조성하기로 했고 ⑮ 국제행사를 활용하여 전시회, 콘퍼런스, 경진대회, 공모전 등을 지속해서 추진할 것이며, ⑯ 평창동계올림픽에도 VR 게임을 개발(스키점프 뽀로로 게임, 봅슬레이·루지 시뮬레이터 게임 등)하고 ⑰ VR 체험존을 운영해서 VR 기술을 정부 차원의 사업으로 소비해줄 것을 약속했다.

한 번의 회의에서 나온 VR 지원내용을 아주 짧게 요약을 했는데도, 이 정도다. 말 그대로 눈 꽉 감고 퍼주겠다는 심보다. 정부가 특정 산업 분야와 기업에 대해서 기술개발 인프라 구축(시설, 공간, 장비 등 일체) 및 기술개발 지원, 기술 관련 교육, 장비와 상품 구매도 모자라서 투자금까지 모아주고 심지어 각종 정부 공공시설을 소비자로 확보해주며 평창동계올림픽까지 동원해서 전방위적으로 VR 기업 지원하기 프로젝트

리스크(Risk) 따위는 잊어버려!

VR에 올인!!

대통령 주재 제10차 무역투자진흥회의 자료 中

(5) 가상현실(VR)

클러스터 조성, 연구개발·투자촉진, 콘텐츠 개발, 인식
제고 등 VR산업 기반을 체계적으로 구축 / (클러스터
조성) 상암 DMC를 VR 클러스터로 조성하여 입주공간을
제공하고 입주기업이 공동 활용토록 VR 장비를 확충 /
(연구개발 지원) R&D 세액공제 등 연구개발 지원을 통해
기업의 성장을 지원하고, 대형프로젝트에 민관 공동투자
추진 / (콘텐츠 개발) 전문펀드 조성, 맞춤형 멘토링, 기업간
매칭 등을 통해 훈련·체험형 등 다양한 VR 융복합
콘텐츠 개발 / (국민인식 제고) VR 체험시설을 확충하고
평창동계올림픽 등 국제행사를 활용하여 VR 홍보

2016~2017년 VR 관련 정부예산 추이 (단위 : 백만원)

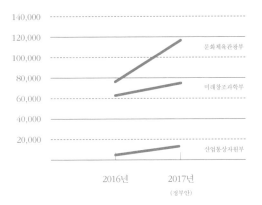

를 추진하고 있다. 2017년 정부 안만 총 1,762억 원에 달하고 문체부가 그중 1,262억 원이나 편성했다(미래부 554억 원, 산자부 45억 원). 누가 보면 VR이 문화 체육을 대표하는 특수 기술인 줄 알겠다.

결국, 비선 실세의 측근에게 엄청난 액수를 밀어주려고 하면서 VR 관련 사업 예산들이 전반적으로 삭감될 처지에 놓였다. 한편으로는 ICT 분야에서 도전하고 있는 선량한 이들이 피해를 보게 되어 안타깝다.

그러나 정부 예산으로 검증되지 않은 특정 산업 분야를 육성하는 일은 대단히 위험하다. 본래 리스크를 안고 있는 벤처 분야인 만큼 분야를 특정해서 집중하기보다는 전반적인 투자 환경을 개선하고 실패해도 지속해서 도전할 수 있는 제도와 문화를 만들어야 한다. 이렇게 정부가 정밀한 분석도 없이 측근을 겨냥해 많은 예산을 쏟아붓는다면 앞으로 어떤 투자자와 기업이 소신을 가지고 투자할 수 있을까. 당장 내가 기업인이라면 위험을 감수하기보다는 정부가 예산을 쏟아붓는 분야에 뛰어들지 않겠나. 안전하게 나랏돈에 의지하며 로비에만 신경 쓰지 않겠는가. 최순실은 자신이 얼마나 우리나라 경제와 산업 전반에 해악을 끼쳤는지 아는지 모르겠다.

'한식 세계화' 사업,
미르재단의 먹거리 사업

빼앗다시피 문체부로 넘어와 미르재단의 사업이 된 '한식 세계화' 사업은 문체부 여러 곳에서 활용되고 있다. 일단 앞서 살펴본 대로 재외 한국문화원에서는 '한식문화교육'으로 18억 원 사업으로 추진된 바 있고, 국제관광서비스과에서는 음식관광 활성화 측면에서 '한국음식 관광 박람회 개최(9천만 원)'와 '한식문화 교육 운영 사업(10억 원, 신규)'이 있다. 이 중에서도 '한식문화 교육 운영' 사업은 음식 관광 콘텐츠 확충을 위해 한국 고유한 식문화를 교육하고 한식 전문 인력을 양성하겠다는 것인데, 이렇게 한식에 문화와 교육을 결합하는 사업은 미르가 기획하기 딱 좋은 사업이다.

2017년 문체부 예산안 사업설명 中

- 한식문화 교육 운영 : 1,000백만원 (신규)
  - 음식관광 콘텐츠 확충을 위해 한국 고유의 식문화를 교육, 한식 전문인력 양성
  - 민간기관을 통해 교육과정 운영(연간 20~40명, 약 1년 과정(비학위)) 및 해외진출 지원
    - ▲한식문화개론 ▲한식조리심화과정 ▲한식문화기획 ▲글로벌 한식인재양성 ▲명사 특강 ▲명장 멘토링 현장실습 등으로 구성
  - 교육 전문인력 운영(인건비) 245, 교육과정 개발 및 교재 제작 197.5, 교육과정 운영 (식재료, 기자재 등) 500, 교육과정 관리비(모집홍보, 워크숍 등) 57.5

또 같은 세부사업인 한국관광콘텐츠 활성화 사업에는 'K컬처 존 운영' 사업이 있는데, 이 역시 미르재단이 운영하려고

밀어 넣은 맞춤형 사업으로 보인다. 케이팝이나 드라마, 뷰티 관련한 체험 프로그램 운영 사업(9억 원)이 있고 K컬처 존 홍보 사업(12억 원), K컬처 존 운영평가(1억 원) 사업이 포함되어 있다.

연예매니지먼트사나 기획사 등과 함께 추진하려 했던 것으로 보이며, 이러한 사업을 최순실은 추구했다. 운영권을 통째로 미르재단이 가져가서 관련한 세부사업 진행을 기획사에 하청을 주는 형식이기 때문이다. 손 안 대고 코 풀면서 평소에 친했던 기획사(연예, 드라마 제작, 뷰티)에 생색내기 참 좋으니까.

2017년 문체부 예산안 사업설명 中

K컬처 존 운영 : 22억 원

- 체험프로그램 운영 : 900백만원
  - 체험프로그램 상설화·확대: 600=200백만원*3개(K팝, 드라마, K뷰티 체험)
  - 이벤트 개최 300=150백만원*2회
    - 지자체 매칭(50:50, 서울시, 강남구, 중구 등)

- K컬처 존 홍보 등 : 1,200백만원
  - 디자인 개발(50백만원) 및 대표 상징물 설치 150백만원(서울시 5:5 매칭, 50백만원×3개소)
    - 나머지 길거리 배너, 안내판 설치 통은 지자체가 수행
  - 홈페이지 구축·운영 150백만원
    - 존과 주변 지역 관광지역과 연계한 코스 정보, 존내 관광명소 상세정보 제공 및 체험 프로그램 예약가능 탐지 등
  - 홍보동영상 제작 150백만원(50백만원×3개)
  - 온라인 관광 가이드북 개발 250백만원 (예시. step out macao)
    - 존 주변 교통, 숙박, 음식점 등 편의 시설 지도 제공
  - 홍보리플렛 및 온프라인 관광 가이드북 제작·배포 200백만원(200=5,000원*4만부)
  - 해외 슈퍼커넥터, 파워블로거 연계 홍보 활동 50백만원(250만원×20명)
  - 이용자 편의 통신환경 구축 등 : 200백만원

- K컬처 존 운영평가 : 100백만원

VIP가 사랑한 한복?
최순실이 사랑한 것은 분명하다

TV조선이 공개한 최순실 문화융성 문건 기억할 것이다. 거기에는 '전통문화 수출을 위한 브랜딩 및 상품화'가 핵심 내용으로 담겨 있다. 여기서는 이 사업을 추진하는 정부 유관기관을 하나 소개하고자 한다. 바로 한국공예디자인문화진흥원. (산하에 한복진흥센터가 있다)

특히 한복은 대통령의 한복을 디자인했던 김영석 한복디자이너를 빼놓고 얘기할 수 없다. 그는 차은택이 했던 문화융성위원회 위원이기도 했고 미르재단의 초기 이사진 7명 중의 한 명이기도 하다. 그리고 김 디자이너가 참석하거나 직접 디자인한 각종 한복 관련 행사 뒤에는 한복진흥센터의 예산이 있다.

한복진흥센터는 한국공예디자인문화진흥원의 산하기관으로 이번 2017년 예산사업에도 자주 등장하는데, 직접 센터가 지원을 받기도 하였고 전통문화 상품화와 관련한 각종 사업 추진도 담당했다.

대표적인 사업으로는 지역전통문화과가 추진한 '전통문화진흥사업'이 있는데, 최순실 문건에 있는 '한국콜라보패션쇼 (6억 2,600만 원)'도 포함되어 있다.

- 한복콜라보 패션쇼 지원 : 626백만원
  - 한복 콜라보레이션 작품 개발 426백만원(142백만원×3벌)
  - 해외 한복 작품 전시 및 패션쇼 200백만원(100백만원×2회)

이 외에 '한스타일 육성 지원' 사업에서는 '한복 분야 지원'으로 무려 19억 2,400만 원이나 책정되었고, 한복진흥센터에 운영지원비로 3억 6천만 원이 따로 지급되기도 하였다.

또 한 곳의 최순실 예산 허브, 한국공예디자인문화진흥원

한복진흥센터를 관장하는 한국공예디자인문화진흥원의 이사진에 광고 쪽 인사가 포진된 것도 눈에 띈다. 최정철 진흥원 원장은 LG애드 국장 출신이다. LG애드 최고운영책임자였고 현 HS애드 대표인 김종립 씨도 비상임이사에 이름을 올렸다. 차은택 감독과 함께 국가문화융성위원회 위원으로 이름을 올린 전용일 씨도 한국공예디자인문화진흥원의 비상임이사다.[52]

지역전통문화과가 추진한 '한스타일 사업'을 주도적으로 추진한 한국공예디자인문화진흥원은 K-라이프스타일 확산 차원에서 '전통문화 생활화 및 육성, 상품화' 사업을 추진하였

최순실 예산이 되어버린 '전통문화 상품화'

2017년 문체부 예산안 사업

사업명 : (50) 전통문화 진흥(1533-302)

사업명 : (32) 한스타일 육성 지원(4363-300)

박근혜 대통령

왜 한복
자꾸 바꿔입나
했더니

오늘,
).14.
대통령
자꾸 바꿔입나

다. 대표적으로는 '한국적 생활문화공간 K-라이프스타일 확
산'으로 4억 3천만 원, '한민족정보마당 고도화 및 이용 활성
화'로 2억 원, '전통문화 융복합자원 발굴' 8억 원 등을 추진
하였다.

우수 문화상품 지정 제도,
전통문화상품 수출시장을
그들만의 리그로 만들어

'전통문화 진흥' 사업으로는 '우수 문화상품 지정제 활성화' 사업이 있는데, 16억 원을 책정해서 '우수문화상품 발굴 및 지정 심사'에 1억 원, '브랜드 및 상품 홍보'에 10억 원, '국내 유통망 강화지원'에 2억 원, '수출 지원'에 3억 원 등인데, 앞으로 전통문화 상품화 추진에 있어서 그들만의 진입장벽을 마련할 우려가 있다.

지난해 우수 문화상품 지정 제도에 지정된 79개 상품을 보면 공예 44점, 한식 식품 16점, 한복 18점, 콘텐츠 1점이다. 심사위원 조건인 각 분야 전문가들이 결국, 한국공예디자인문화진흥원(공예)과 한복진흥센터(한복)가 핵심임을 알 수 있고, 미르재단(한식 세계화 관련 사업, 한식문화교육 관련 사업 등)과 관련이 깊겠다는 의심이 간다. 우수 문화상품으로 지정된 분야도 어쩌면 이렇게 딱 떨어질까. 결국 최순실은 우수 문화상품 지정 제도를 활용해서 미르재단, 또는 관련 기관이나 친한 인물의 상품을 인증해주고 정부 행사 참여나 상품의 해외 진출을 돕고자 했던 것으로 보인다. 물론 모두 정부 예산으로 말이다. 심지어 이들은 해당 상품 판매를 위해 '온·오프라인 유통 플랫폼 확보 및 해외 진출 지원' 예산까지 끌어왔다. 그 세부계획을 보면 미르재단이 염두에 둔 '한류 콘서트'와 '해외패션

한국공예디자인문화진흥원 및

한복진흥센터 관련 예산 추이 (단위 : 백만원)

세부사업명	세세사업명	2015년 결산안	2016년 결산안	2017년 정부안
공예관광산업육성	공예산업 진흥기반 구축	500	400	400
	고부가가치 공예상품 개발 및 확산	3,000	3,100	2,020
	국제교류 및 해외시장 진출	1,000	900	1,100
한국관광콘텐츠 활성화	K-Food Festival 개최			300
	해외 한식홍보			120
	한식문화 교육 운영			1,000
	전통문화 재현 및 체험			2,000
	K컬처 존 운영			2,200
한스타일 육성지원	한복 분야 지원			1,924
	전통문화 융복합자원 발굴	900	800	800
	한복진흥센터 지원	400	360	360
	한식문화 진흥기반 구축	788	900	
	지역전통한식 발굴 및 확산	200	200	
한류진흥	전통문화의 세계화	900	900	810

관련 행사 및 해외문화원 전시'를 정확히 명시하고 있다. 최순실은 다른 재료를 가지고 같은 요리를 만드는 탁월한 재주가 있다.

VIP가 9번이나 강조한 저작권, 무슨 이유로

차은택이 귀국한 날 발표된 저작권법 시행규칙

2016.11.8. 뉴시스, 이재훈 기자

'저작권 등록 제도' 개선…
저작권법 시행규칙 시행

문화체육관광부(장관 조윤선)는 한국저작권위원회(부위원장
이상정)와 함께 '저작권법' 시행규칙을 개정해 국민 수요에
맞게 저작권 등록 제도를 개선했다고 8일 밝혔다.
소설, 그림, 영상 등의 저작물은 창작과 동시에 별도의
절차 없이 창작한 사람에게 저작권이 발생한다. 하지만
저작권에 관한 일정한 사항을 저작권 등록부에 등재하고
공시하는 '저작권 등록제도'를 둠으로써 저작권 보호 및
거래의 안전을 도모하고 있다.

중략(中略)

하지만 개정 '저작권법'이 시행됨에 따라
'국민기초생활보장법'에 따른 생계급여 또는 의료급여
수급자의 경우, 자격 증빙을 통해 저작권 등록 또는
변동 등록 시에 건당 최대 7만 원의 수수료를 면제받을
수 있다. 또한, 기존의 저작권 등록이 되어 있는 등록
권리자는 영문 등록증을 발급받을 수 있다.

차은택이 검찰에 연행되던 날
조윤선 장관이 발표한 시행규칙 개정안

차은택이 새벽에 검찰로 이송되었던 올해 11월 9일, 그 전날

낮에 문체부 조윤선 장관은 저작권 등록 제도가 개선되었다고 하며 '저작권법 시행규칙 개정안'을 발표한다. 문체부는 주요 내용을 두 가지라고 발표했다. 하나는 수급자에 대해서 저작권 등록 수수료를 면제해준다는 것, 또 하나는 이제 영문으로 등록증을 발급할 수 있도록 한다는 것이다.

사정이 어려운 창작자를 보호하고 해외에서 저작권 보호에 힘쓰겠다는 취지에 모두 고개를 끄덕일 즈음, 시기가 시기인지라 개정한 저작권법 시행규칙을 직접 확인하게 되었다. 그리고 이번 개정안에서 사라진 항목을 하나 발견하게 되었다.

기존 시행규칙	개정된 시행규칙
[시행 2015.12.30] [문화체육관광부령 제235호, 2015.12.30, 타법개정] 제23조(수수료) ① (생략) ② 국가 및 그 소속 기관과 지방자치단체가 법 제53조 및 법 제54조 (법 제90조 및 제98조에서 준용하는 경우를 포함한다)에 따라 저작권 등을 등록하는 경우로서 저작권 등에 대한 권리의 지분을 50퍼센트 이상 소유하고 있는 경우에는 제1항에 불구하고 그 수수료를 면제한다.	[시행 2016.11.8] [문화체육관광부령 제274호, 2016.11.8, 일부개정] 제23조(수수료) ① (현행과 같음) ②「국민기초생활 보장법」 제7조제1항제1호에 따른 생계급여 또는 같은 항 제3호에 따른 의료급여의 수급자----------- 및 제54조(법--------------------등의 등록을 신청하는 경우에는 제1항에도 ------------------------------.

국가 및 그 소속기관과 지방자치단체에 대해서 수수료를 면제해주던 내용이 사라지게 된 것이다. 우리나라의 수많은 공공기관과 지방자치단체 소유(권리 지분 50% 이상) 저작물 등록에 대해서 앞으로 수수료를 받겠다는 것이다. 최대 7만 원인 수

수료를 감안해 볼 때 결코 적은 액수가 아닐 것이다. 내년부터 저작권위원회는 자체수입이 급증할 예정이다.

VIP의 관심이 집중된 저작권위원회, 개운하지 않은 뒷맛

저작권법 시행규칙으로 자세히 보게 되었지만, 처음에 저작권위원회에 주목했던 이유는 그 사업 규모에 비해 VIP 언급이 많이 등장했기 때문이다(9번 언급). 그만큼 저작권 보호는 미르재단의 문화산업 활성화와 한류 문화 수출의 이익 기여에 큰 영향을 미치는 사안임이 분명하다. 그러나 이렇게 중요하게 생각하는 저작권위원회의 위원장 자리는 지난 9월 1일부터 공석이다. 오승종 전 위원장이 지난 2016년 8월 31일자로 갑자기 사퇴했기 때문이다. 위원장 임기를 1년 2개월이나 남긴 상태였고 워낙 급작스러웠던 탓에 뒷말이 무성했다. 오 전 위원장은 홍익대 법대 교수로 차은택과 같은 학교 출신이다. 위원직 12년에 이어 위원장을 2년, 총 14년을 근무했던 저작권 계의 대표 인물로 통했던 인물이 임기를 많이 남겨둔 상황에서 갑자기 그만둔 이유에 대해서는 시원하게 밝혀진 바는 없지만, 뒷맛이 개운하지 않다. 그리고 여기서 등장하는 한 기관, 한국문화정보원 김소연 원장. 김 원장은 홍대 출신이며 김종덕 전 장관의 장남이 다녔던 홍대 세종캠퍼스 조형대학 강사 출신이다. 문화정보원 회의록을 확보하여 확인한

최근 3년간 저작권보호원 불법저작물

단속 건수 및 침해사법처리 건수

성과지표	구분	'13	'14	'15	'16	'17	'17목표치 산출근거	측정산식 (또는 측정방법)	자료수집방법 (또는 자료출처)
불법저작물 단속건수 (천건/년)	목표	1,660	1,888	2,226	2,292	2,064	모니터링 인력 수의 감소(16%)와 불법저작물 규모의 증가(6.7%, 콘텐츠산업통계)를 감안할 때의 목표치 2,054천건(=2,292천건 ×(1-16%)÷(1-16%))의 수준으로 설정	한국저작권위원회의 시정권고 건수와 저작권보호센터의 불법복제물 단속 실적 합계	사업결과보고서 (한국저작권위원회, 저작권보호센터)
	실적	1,833	2,233	2,661	–	–			
	달성도	110.4	118.3	119.5	–	–			
저작권 침해사법 처리건수 (건/년)	목표	2,260	3,736	4,009	4,129	4,129	지속적인 보호노력으로 권리자의 고소가 감소함에 따라 최근 수사건수 감소세를 반영하여 전년도와 동일하여 전년도와 동일한 수치는 17년 목표치로 설정	문화부 특사경의 저작권 침해사법 수사 및 예방활동 건수	문화부 특사경의 검찰 송치 및 예방활동 실적
	실적	3,599	3,892	3,601	–	–			
	달성도	169	104.2	89.8	–	–			

결과, 내부 반대가 있었다고 하며 이를 문체부에서 진화했다고 한다. 유기홍 의원이 국감에서 주장한 내용이다.

그리고 올해 9월 저작권위원회는 산하기관을 하나 출범시킨다. 과거 저작권 상설 단속반으로 운영해오던 (사)저작권단체 연합회를 저작권위원회 공정이용진흥국과 통합한 후 저작권보호원이라는 새 이름의 산하기관으로 올해 9월에 출범시켰다. 저작권보호원 지원 예산만 16년 25억 원에서 17년에는 42억 원으로 껑충 뛰었다. 그 외에도 '저작권 침해 예방 및 디지털 과학수사 지원체계 구축' 예산이 23억 원에서 28억 원으로 증가하였다.

중국 등 해외에서 불법 저작물 이용을 막고 국내 저작물을 보호하겠다는 취지와는 달리 저작권보호원을 출범시키는 등

조직과 인력, 예산은 키워놓고 '해외저작권 보호 협력'과 관련해서 오히려 예산액이 26억 원에서 25억 원으로 줄었다. 실제로 저작권보호원의 인적 구성만 보더라도 '온라인 보호국'은 국내보호팀이 21명인데 반해 '해외보호팀'은 팀장까지 포함해 6명에 불과하다. 또 '현장대응국'이라는 조직은 오프라인 대응 인력만 20명이나 되는데, 이들은 모두 6개 권역별(서울, 경기, 충청, 부산, 대구, 호남권역)로 나눠진 국내팀들이고 이들은 지역별로 재택근무자를 관리하는 인원이다. 저작권 보호에 대한 강조와 저작권보호원의 설립 취지와는 달리 단속과 사법처리가 쉬운 국내 단속에 더욱 열을 올리려는 것은 아닌지 의심된다.

조직, 인력, 수입 면에서 갑자기 덩치가 커진 저작권위원회는 아예 교육 연수관까지 건립한다. 건립 비용이 370억 원이다(2017년 예산 89억 원). 저작권 교육을 위한 연수관은 무엇을 하는 곳일까? 저작권 교육 연수관에는 이와 상관없는 내용이 가득히 담겨 있다. 국제행사 개최, 전시·체험관 사업, 신기술 전문 인력 양성 등 말이 교육연수관이지 저작권위원회의 조직 늘리기 프로젝트의 일환이다.

특히 '부산(영화), 광주(문화예술)와 진주를 연계한 남부권역 문화예술 저작권 전시·체험관 운영'은 다분히 문제가 있다.

건물을 짓고 조직을 만드는 것은 모든 관료의 공통된 소망이다. 왜냐하면, 일단 조직을 만들고 공간을 확보하면 인력과

저작권위원회 저작권 교육연수관 사업설명 中

□ **사업내용**

○ **교육대상 맞춤별 집중합숙 교육을 수강할 수 있는 저작권 교육연수관 건립**
  ▪ 청소년 대상 체험형·합숙형 문화예술 교육, 정부3.0 연계 공무원(중앙부처·지자체)·공공기관·
    교원 대상 저작권 의무교육 및 전문연수, 빅데이터 등 저작권 신기술 전문인력 양성

○ **저작권 국제 협력 네트워크 구축을 위한 각종 국제행사 개최**
  – 해외 저작권 전문기관 연계, 주요 정책담당자 초청 및 상호 교류 연수
  – 저작권 세미나 등 주요 국제학술행사 개최 및 문화교류를 통한 협력 관계 구축
  ▪ WIPO Study Visit, 개도국 국제 컨퍼런스, 한중, 한일, 한태 등 주요 국제행사 개최
  ▪ 지역문화와 연계한 국제 연수 프로그램 개발로 각종 문화예술, 저작권 국제행사 유치

○ **부산(영화), 광주(문화예술)와 진주를 연계한 남부권역 문화예술 저작권 전시·체험관 운영**

2017년 문체부 예산안 사업설명 中

저작권 한류 문화 체험관 운영	○ 한류를 선도한 영화, 음악, 드라마, 만화, 게임 등 우수 저작물 관련 콘텐츠를 전시·설치하여 직접 체험·관람할 수 있는 홍보관 ○ 등록 및 기증 저작물 등 역사적 가치가 있는 저작물, 저작권 연감, 저작권법제 변천사 등을 전시, 홍보할 수 있는 저작권 역사관 ○ 진주와 부산-나주를 연계하는 한류 문화 체험 관람 프로그램 개발·운영

저작권 보호활동 활성화 (단위 : 백만 원)

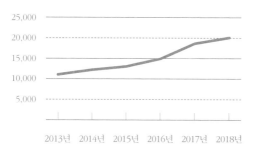

예산은 끊임없이 증가될 수밖에 없기 때문이다. 그러나 이번 저작권 교육 연수관은 타당성도 충분하지 않은 데다가 체험 홍보관과 관광프로그램까지 운영한다는 것인데, 무척 적절하지 않다. 특히 저작물 콘텐츠에 대한 체험관람 홍보관은 VR 기술을 활용한 체험관일 가능성도 점쳐진다. 이 정도 되면 문체부 차원에서 VR 기술 체험관을 만드는 부서나 팀에 인센티브를 주는 건 아닐까 의심이 된다.

저작권 보호 활동이 필요하다는 데 이의를 달 사람은 없을 것이다. 그러나 PPL 등의 광고 수익 비중이 점점 커지고 있는 이때, 창작물 보호와 활성화가 단속과 사법처리에만 초점을 맞추면 곤란하다. 벌써 저작권위원회 예산을 늘려놓았더니 건물 짓고 조직 만들고 인력 늘리고 수입 늘리는 데 힘을 쓰고 있지 않나. 국내 최고의 전문가는 위원장을 그만두고, 머리가 없는 조직이 방향을 못 잡고 덩치만 커지고 있다. 나라가 망가지고 있다.

뭇매 맞은 '아라리요 평창', 국민 뭇매에도 예산 4배 증액

9월 중순에 올라온 한 홍보 영상이 많은 이들의 원성을 불렀다. 평창올림픽을 홍보하는 해당 영상은 인기 있는 연예인들을 출연시키고도 조잡한 기획과 부족한 완성도로 뭇매를 맞

평창과 차은택의 만남,

문화올림픽 지원

2017년 문체부 예산안 사업

사업명 : (64) 평창 문화올림픽 지원(1633-305)

문화올림픽 지원 (단위 : 억 원)

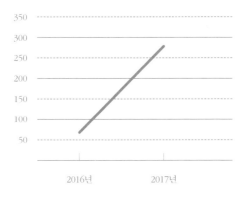

고 말았다. 결국, 차은택의 해명까지 들어야 했다. 이 사업은 문화체육관광부의 평창문화올림픽 지원이라는 사업과 관련이 있다.

예산안에 VIP의 지시사항까지 담았다. 2015년 말 예산안이 국회까지 넘어간 이후에 갑자기 70억 원의 예산으로 들어선 사업이다. 국회의원 한 명이 밀어 넣었다. 그리고 2017년, 국민의 뭇매에 아랑곳하지 않고 예산액은 290억 원으로 4배가 넘게 증폭되어 정부 안으로 확정되었다. 주요 사업들을 살펴보면 다음과 같다.

평창문화올림픽 추진단 운영 : 1억 6천만 원

평창문화올림픽 홍보캠페인·세미나 : 3억 원

동계올림픽 문화자원봉사단 육성 : 3억 원

카운트다운 문화행사 : 50억 원

대표예술작품 창작 : 35억 원

신규기획행사 지원 : 20억 원

민간대표축제 지원 : 10억 원

스마트 문화올림픽 플랫폼 구축 : 4억 원

청소년 국제문화교류 : 10억 원

한중일 올림픽 연속개최 계기 교류사업 : 5억 원

예술단체 교류 : 10억 원

경기장 올림픽 벽화 프로젝트 : 10억 원

지역문화예술 기획 · 발굴 : 25억 원

문화창조융합벨트 대표 융복합 공연개최 : 18억 원

주요 K-POP 행사 관련 홍보 및 네트워킹 행사 : 24억 원

동계올림픽 캐릭터 대축제 : 10억 원

평창이스포츠 패스티벌 : 3억 원

빙판디스플레이 운영 및 갈라쇼 개최 : 20억 원

올림픽 라이브사이트 융복합 콘텐츠 개발 : 15억 원

가상현실 게임콘텐츠 홍보관 운영 지원 : 5억 원

동계올림픽 주제 콘텐츠 제작 및 유통지원 : 6억 원

K컬처 서포터즈 활용 현지 홍보 : 3억 원

사업을 하나하나 적다 보니 정말 이렇게 '억' 소리 나는 행사가 또 있을까 싶다. 문화행사 사업에 이렇게 시원하게 돈을 쏟아붓는 경우가 또 있었을까 싶기도 하고 말이다. 이렇게 시원하게 쏟아붓고 시원하게 받아쓴 결과, 아라리요 평창 같은 대참사가 탄생했다.

이 사업의 추진은 한국문화예술위원회, 한국콘텐츠진흥원이 100% 정액 지원으로 행사를 진행하고 지자체는 지원비율 50%의 보조사업으로 추진하는 것으로 되어 있다. 그러나

2018년 평창동계올림픽은 특별법이 지원 근거가 되기 때문에 아마도 결국에는 지자체 보조사업도 정부 보조 100%에 가깝게 추진되는 사업이 될 것으로 전망된다. 지자체로서도 펑펑 쓰기 좋은 환경이다. 최순실과 차은택이 올림픽 예산을 문화로까지 끌고 온 문화올림픽 평창 프로젝트는 홍보기획사와 행사 대행사들의 만찬의 장이 되었다. 그러나 평창에 대한 최순실과 차은택의 간섭은 이렇게 아기자기⁽?⁾한 수준에 그치지 않았다.

평창 올림픽 조직위원장은 왜 3번이나 바뀌었을까

누슬리라는 스위스의 경기장 건설 업체는 1,500억 원대의 임시 관중석 및 부속시설에 입찰하기 위해 최순실 실소유주로 의심되는 더블루K와 업무협약을 맺었고, 이미 건설공사를 수주한 (주)대림건설을 탈락시키기 위해서 청와대까지 동원했다는 것이다.[53] 업무협약 후에 차은택의 외삼촌인 김상률 교육문화수석이 문체부에 '누슬리를 검토해보라'고 지시했다고 하며 김종 문체부 전 차관은 이러한 사실이 3, 4월경에 있었다고 연합뉴스와의 통화에서 시인한 바도 있다.[54]

청와대의 검토 지시에도 흔들리지 않았던 평창조직위는 결국 당시 조직위원장이었던 조양호 회장의 사퇴를 두 눈 뜨고 바라만 보아야 했다. 겉으로 드러난 최순실 일당의 평창에 대한 횡포는 빙산의 일각이다. 다양한 이들의 체육예산 농단의 진면목은 다음 장에서 더 자세히 보겠다.

못다 한 이야기, 문화예산 농단

지금까지 본 것처럼 최순실은 자신이 불러들인 차은택을 핵심 설계자로 세우고 핵심 권력 삼인방(김종덕, 김상률, 송성각)을 불러들였다. 그리고 체육계 핵심관료 김종과도 소통하며 문체부의 예산을 미르재단과 기획사들의 크게 벌린 입안으로 던져 넣었다.

다행히 최순실의 국정 농단 사태가 국민의 분노를 낳고 박근혜 대통령의 퇴진까지 끌어내며 적잖은 예산 낭비를 막아내긴 했지만, 여전히 최순실과 차은택이 만들어 놓은 수많은 예산은 살아 있다. 숱한 상처를 입어 신음하면서도 죽지 않고 내년 집행을 기다리고 있다. 국회가 최순실 예산을 그렇게 열심히 깎았음에도 모든 부서 중에서 문체부 예산이 가장 큰 폭으로 증가했다는 점은 한 번 편성된 예산의 힘이 얼마나 무서운지 보여주는 대목이다.

참으로 안타깝게 이제는 이들이 파헤쳐놓은 예산을 고칠 방도도, 그동안 가져간 예산을 되찾을 길도, 앞으로 이들의 동료들이 가져갈 예산을 지켜낼 길도 마땅치가 않다.

더군다나 예산은 법이 아니기 때문에 이를 어겨도 벌할 방법이 없고, 각종 예산 전용과 기금 전용 등의 편법적 집행이 난무하기 때문에 국민이 매일같이 두 눈을 뜨고 감시하지 않는 한 예산은 언제라도 본래의 모습을 회복해 또 다른 누군가의 입속으로 달려갈 것이다. 국회의원들은 오랜 최순실의 농락 앞에 무심했거나 무력했고 신뢰했던 각종 사정 기관들은 한줌의 비선 일당 앞에서 겁먹은 강아지처럼 눈치만 보고 있지 않았나.

그래도 희망은 있다. 그 많은 국가예산을 누가 먹었는지, 빙산의 일각이라도 최소한 보았으니까. 잊지 말자. 최순실이 사라져도 예산을 훔치는 제2의, 제3의 최순실은 여전히 정부 예산 근처를 어슬렁거리고 있다.

김종, 뛰어난
관료
부역자

등장인물

최순실	비선 실세	**정현식**	K스포츠재단 전 사무총장
박근혜	대통령	**정동춘**	K스포츠재단 전 이사장
안종범	전 청와대 경제수석	**정동구**	K스포츠재단 전 이사장
김기춘	전 청와대 비서실장	**박헌영**	전 K스포츠재단 과장
우병우	전 청와대 민정수석	**박재홍**	전 승마국가대표 감독
정호성	전 청와대 비서관	**박기범**	승마협회 차장
이재만	전 청와대 비서관	**심동섭**	전 문체부 체육정책관
안봉근	전 청와대 비서관	**허창수**	전경련 회장
김종	전 문체부 제2차관	**이승철**	전경련 부회장
김종덕	전 문체부 장관	**이재용**	(삼성)
김상률	전 청와대 교문 수석	**정몽구**	(현대차)
장시호	최순실 조카	**최태원**	(SK)
고영태	더블루K 전 대표이사	**구본무**	(LG)
정유라	최순실 딸	**신동빈**	(롯데)
최경희	전 이화여대 총장	**김승연**	(한화)
김경숙	전 이화여대 교수	**조양호**	(한진)
이규혁	케이토토 빙상단 감독	**손경식**	(CJ)

최순실 관련 예산

재벌총수의 K스포츠재단 총출연금 : 288억 원

2017년 최순실 개입 의혹 예산액 : 1,520억 원

2015년~2017년 최순실 개입 의혹 총예산액 : 3,332억 원

"박근혜 대통령이 떠나도,
최순실 예산은 자란다."

체육 분야의 예산 도둑질은 K스포츠재단으로 대표된다. 재벌들은 288억 원을 K스포츠재단에 출연금으로 상납했고 최순실 일당은 1조 6천억 원에 달하는 국민체육진흥기금으로 대한체육회와 체육진흥공단을 뒤흔들며 K스포츠재단의 돈벌이 수단으로 전락시켰다. 이처럼 체육 분야 정부 예산은 최순실이 깊게 관여했음에도 불구하고 거의 삭감되지 않고 내년과 내후년을 향해 자라고 있다.

그러나 차은택과 같은 인사도 없었고 결정적 예산 관여 증거가 없었던 체육 분야 예산은 그리 주목받지 못했다. 재벌에게 K스포츠재단에 출연금을 강요했던 문제만이 집중적으로 조명되었고, 정유라나 장시호에게 지원한 몇억 원 수준의 예산사업들만이 겨우겨우 지적되었을 뿐이다.

하지만 K스포츠재단 운영을 통해서 돈주머니를 꿰차고 싶었던 최순실과 박근혜는 체육 분야 예산을 결코 그냥 지나치지 않았다. 이것을 이야기하기 위해서는 문화 분야에서 차은택, 송성각, 김종덕, 김상률의 역할을 혼자서 소화해낸 체육 분야의 인물 한 명부터 시작해야 한다.

그는 김종 전 문체부 제2차관이다.

체육예산 도둑들의 일사불란한 팀워크 :

최순실 일당의 체육예산 농단 관계도 및 예산 흐름도

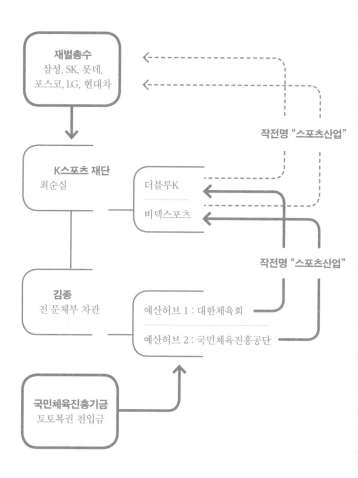

일사불란한 팀워크의 핵심,
김종 전 차관

최순실과 박근혜의 체육예산 훔치기를 단순하게 정리하면 좌측의 그림과 같다. 김종 전 차관이 모든 팀워크의 중심에서 기획하고 설계했으며, 뒤탈도 없도록 1조 6천억 원 규모의 체육예산을 진두지휘했다.

이미 김종 전 차관이 이러한 체육예산 농단을 하는 과정에서 최순실과 밀접하게 관계를 맺고 있다는 증거는 수차례 밝혀지고 있다. 가장 근래로는 법무부가 11월 30일 국회 국정조사 기관보고에서 김종 전 차관이 올해 3월에 문체부 비공개 문건을 최 씨에게 전달한 혐의로 검찰이 수사 중이라고 밝혔다. 김종 전 차관이 K스포츠재단과 최 씨 소유 회사 더블루K가 대한체육회를 대신해 광역스포츠클럽 운영권 등을 독점하는 이익을 취할 수 있도록 이 같은 문건을 전달했다고 검찰은 보고 있다.[55] 이 외에도 김종 전 차관이 최순실에게 현안보고 인사청탁을 이메일로 보낸 정황도 드러났으며, 최순실의 측근은 강남의 한 호텔 라운지와 최순실이 거주하는 강남의 C 빌딩 레스토랑 등에서 두 사람이 수시로 접촉했다고 밝힌 바 있다. 둘은 운전사를 대동하지 않고 만났으며, 김종 전 차관은 최 씨를 '회장님'이라 불렀다고 한다.[56]

이처럼 수시로 최순실에게 보고와 작전 모의를 진행했던 김종 전 차관은 문체부 체육예산 부서를 장악하고 국민체육진흥기금을 활용해 대한체육회와 국민체육진흥공단 및 각종 체육 관련 기관과 단체들을 뒤흔들며 K스포츠재단과 그 관련 업체, 심지어 출연금을 상납했던 재벌들의 이익을 정부예산으로 보전해 주었다는 의혹의 중심에 있다.

**화려하게 등장한 김종,
단시간에 체육예산 전권 장악해**

김종 전 차관은 2013년 10월 제2차관으로 취임하자마자 1년도 되지 않아 그동안 1차관실 담당이었던 관광분야와 종교분야까지 모두 자신의 소관으로 넘겨받았다, 장관보다 센 차관이 있다는 말이 나오는 데까지는 1년이 채 걸리지 않았다.

김종 전 차관의 종횡무진은 인사권 개입 의혹에서 정점에 달했다. 유진룡 문체부 전 장관은 김종 전 차관에 대해서 청와대 이재만 총무비서관과 하나로 묶어서 생각하면 된다는 말을 남기며 각종 체육계 인사청탁을 김종 전 차관이 대행했다고 폭로하기도 하였다. 이재만과 김종은 한양대 선후배 관계이고 김종 전 차관의 부친은 김기춘 실장과 친분이 깊다고 알려져 있다.[57]

김종 전 차관은 체육계에서 '체육 대통령'이라는 별칭으로

체육예산은 어디에서 오는가 -

스포츠토토 판매수익

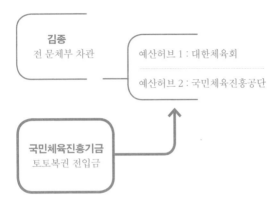

체육분야 예산은 국민체육진흥기금이 전체 체육예산의 99.8%를 차지하고 있다. (2017년 예산안 기준, 국민체육진흥기금 1조6천억원, 일반회계 체육예산 3천억원) 그리고 토토복권전입금은 국민체육진흥기금의 73%를 차지하고 있다. (2017년 예산안 기준, 토토복권전입금 1조2천억원)

김종 전 차관 등장 이후 급증한 체육예산

2013년~2017년 문체부 체육예산(세출) 변화 추이 (단위 : 백만 원)

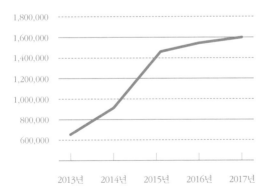

불리며 갖가지 인사 전횡을 벌였다. 평창동계올림픽 조직위원장이 3차례나 바뀐 배경에도 김종 전 차관이 있었다는 의혹이 있다. 조양호 한진그룹 회장을 밀어낼 때는 측근에게 반드시 날려버리겠다고 호언장담을 했던 것은 유명한 일화다. 그뿐만 아니라 스포츠 4대 악 척결이라는 명분을 내세워 기존 체육인들을 비리 집단이나 부패의 온상으로 취급하며 온갖 압박을 해 결국 산하기관 요직에 입맛에 맞는 인사를 배치하며 체육계 전반의 조직을 자신의 휘하에 두려고 했다는 것이다.[58] 김종 전 차관의 인사 개입 의혹은 대한체육회는 물론, 체육진흥공단, 체육인재육성재단 심지어 토토 복권 대행 사업자 선정까지 전반에 걸쳐 있다.

밥그릇을 키워버린 김종 전 차관,
무소불위 권력으로 양대 체육회도 통합

최순실, 이재만, 김기춘이라는 든든한 배경을 업고 휘두른 김종 전 차관의 인사 전횡이 체육계 전반의 숨통을 조였다면 문체부 예산에 목을 매고 있는 각종 단체는 김종 전 차관의 예산 전횡에 더 숨을 졸였다.

체육인재육성재단을 해체를 주도했던 김종 전 차관은 모두가 어렵게 생각했던 양대 체육회, 즉 대한체육회와 국민생활체육회 통합을 성사시켰다. 그 배경에는 감사와 인사개입으

로 위협한 것도 있었지만, 국민체육진흥기금이라는 밥그릇
을 키워 예산 다툼 문제를 해소한 것도 있었다.

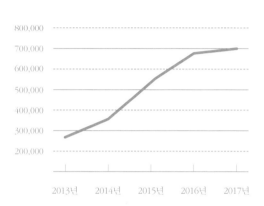

대한체육회 추진 예산 (단위 : 백만 원)

스포츠토토 수익 급증,
국민체육진흥기금 급증으로 이어져

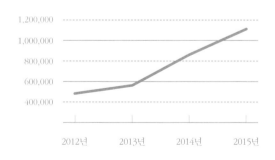

경륜·경정·체육진흥투표권 전입금 추이 (단위 : 백만 원)

그래프를 보면 2014년부터 2015년에 극적인 예산 증가를 확인할 수 있다. 2013년부터 불과 2년 만에 두 배가 넘는 규모로 증가시켰는데, 앞서 언급한 바와 같이 문체부 체육예산의 99.8%는 국민체육진흥기금으로부터 나온다. 이러한 증가의 배경에는 스포츠토토 수익금, 즉 체육진흥투표권 매출 증대에 힘입은 바가 크다. 이렇게 증가한 국민체육기금은 고스란히 대한체육회 예산 증가로 이어졌다.

1조 2천억 원 스포츠토토 사업권을 향한 김종의 야망

2014년 온갖 잡음 끝에 스포츠토토 위탁사업자로 선정된 케이토토를 접수하고자 했던 김종 전 차관의 노력은 눈물겹다. 김종은 케이토토가 최종 사업자로 선정되자 대표이사인 손준철에게 많은 것을 요구했다. 먼저 김종 전 차관이 설립을 주도하고 이사직을 갖은 바 있는 스포츠산업협회 회장직을 맡도록 하고 스포츠토토 빙상단 창단을 요구했다.

결국, 손준철은 이 두 가지를 모두 들어주었고 빙상단 감독은 장시호 씨가 주인인 동계스포츠영재센터의 전무이사를 맡고 있던 전 스피드스케이팅 국가대표 출신 이규혁이 맡게 되었다. 이규혁은 특정 업체에 빙상단 일감을 몰아주려 했다는 의혹도 있었는데, 올해 초 녹이 슨 스케이트 날 55쌍을 납품했다가 뒤늦게 새것으로 교체하는 일도 있었다.

최순실 일당은 스포츠토토에 어떻게 해서든 개입하려는 시도를 펼쳤다. 김종 전 차관은 최순실 씨 지인인 임 모 씨를 케이토토 스포츠단장에 앉히라고 요구했고 최순실의 '찜질방 멤버'로 알려진 하 모 씨도 중용할 것을 요구했다. 케이토토는 난색을 표하다가 결국 임 모 씨는 고문직에 임명되었다. 최순실 일당은 포기하지 않고 스포츠토토를 공기업으로 직영해서 장악하려는 시도까지 했는데, 케이토토에 대한 문체부 내부감사 결과를 소명기회도 없이 국회에 제출하였고 이와 동시에 체육진흥공단에서 직영하는 법안을 여야 국회의원들이 제출하도록 유도하기도 하였다.[59]

작전명 '스포츠 산업'

2014년부터 대대적인 불법 스포츠 도박에 대한 단속이 강화되고 2015년에는 2003년 이후 최초로 신규 복권 판매소까지 2,000개를 늘리기 하면서 스포츠토토는 급격하게 덩치를 불렸다. 이는 자연스레 국민체육진흥기금의 덩치를 더욱 키워주었다. 이렇듯 사행산업의 성장의 결과로 몸집을 불린 문체부의 체육예산을 먹거리로 삼기 위한 최순실 일당의 작전이 시작된다.

김종은 급격하게 늘어난 체육예산을 K스포츠재단에 쏟아부어줄 설계를 감행한다. 작전명 '스포츠산업'의 시작이다.

그림에서 확인되듯이 문화예산에서 예산 허브가 되었던 콘텐츠진흥원 역할을 대한체육회와 국민체육진흥공단이 하게

밥그릇을 키운 최순실 일당,
본격적으로 예산농단에 나서다

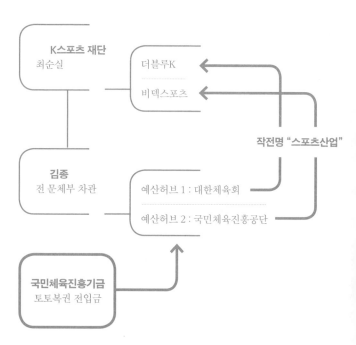

된다. 그리고 문화예산을 미르재단으로 가져가기 위한 세련된 포장지로 '융복합'을 선택했듯이 김종 전 차관은 체육예산을 K스포츠재단에 부어주기 위한 선물의 포장지를 '스포츠산업'으로 결정한다.

재단 설립에 목말라 있던 최순실과 박근혜 대통령에게 김종 전 차관은 스포츠산업이라는 콘텐츠와 체육예산을 재단 설립과 함께 선물한 것이다. 그와 동시에 김종 전 차관은 모교 출신 체육계 인사들과 스포츠산업학과에서 배출되는 후배들, 자신이 장악하고 있는 스포츠산업협회 회원사들을 비롯한 관계자들의 먹거리를 정부 예산으로 마련할 수 있었다.

두 개의 체육예산의 허브, 대한체육회와 국민체육진흥공단

국민체육진흥기금은 문체부 체육기관의 양대 축이라고 할 수 있는 대한체육회와 국민체육진흥공단을 통해서 예산사업으로 지출이 되고 있다.

상기 표로 확인되듯이 1조 6천억 원의 국민체육진흥기금은 이 두 단체를 통해서 지출되고 있다. 체육예산 대부분을 두 기관이 장악하고 있는 것도 놀랍지만 김종 전 차관의 등장 이후로 증가한 예산액도 놀랍다.

대한체육회와 국민체육진흥공단이 추진하는 사업 예산액

세부사업명	2013년	2014년	2015년	2016년	2017년
대한체육회	267,087	344,699	547,778	688,124	701,254
국민체육진흥공단	329,938	464,639	596,976	558,679	701,134

최순실과 청와대 인사를 등에 업은 김종 전 차관의 인사권과 예산권 전횡으로 두 조직을 장악한 후 K스포츠재단에 돈을 붓기 위한 작전이 본격화된다. 재단에 돈을 넣는 루트는 크게 두 가지였다. 하나는 재벌들로부터 직접 출연을 받는 방법. 또 하나는 정부 예산(국민 세금)으로 채우는 방법.

그러나 이 두 가지는 서로 떨어져 있지 않았다. 전경련과 재벌 총수를 채근하는 역할은 안종범이 맡았지만, K스포츠재단에 대한 출연을 세련되게 포장하고 정부 예산사업과 연결하는 설계와 실행은 김종 전 차관이 맡았다. 그리고 그 명분을 확고하게 만들 사람이 필요했다. 박근혜 대통령의 등장이다.

박근혜 대통령의 입, K스포츠재단을 가리키다

김종 전 차관이 설계한 '스포츠산업' 작전은 2016년 2월과 7월에 박근혜 대통령의 입을 통해서 국가 제1의 과제로 공식

K스포츠재단의 먹거리로 전락한
정부의 체육예산

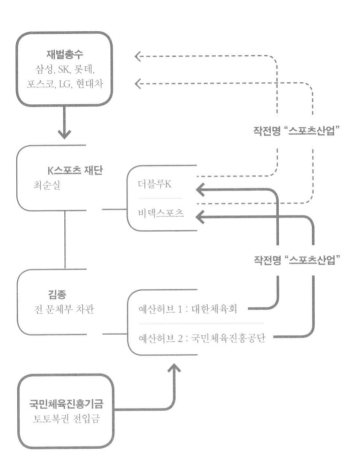

화된다. 박근혜 대통령이 2016년에 주재한 제9차, 제10차 무역투자진흥회의가 바로 그것이다. 2월 17일 제9차 무역투자진흥회의에서 신산업 육성 과제로 처음 등장한 '스포츠산업'은 많은 이들의 고개를 갸우뚱하게 했다.

왜 갑자기 엉뚱하게 '스포츠산업'이냐는 것이다.

무역투자진흥회의는 과거 박정희 전 대통령이 직접 주재했던 '수출진흥확대회의'가 원조다. 1979년 박 전 대통령이 세상을 떠나기 전까지 151회가 개최되었고 그중 5차례를 제외하고는 모두 주재할 정도로 매우 중요하게 생각한 회의다. 이 회의를 박근혜 대통령이 34년 만에 부활시킨 것이다. (우측 규제개혁 포털 소개 글)

당시 박정희 대통령은 이 회의를 통해 수출 목표액 달성을 위한 방안 강구 지시부터 도자기와 양송이 수출 전략 등 세세한 부분까지 챙겨서 지시했고 이 지시사항은 그 어떤 것보다도 앞서 실행되었다. 34년 만에 부활한 이 회의에 처음으로 '스포츠산업'이 등장한 것이다. 때가 된 것이다.

'스포츠산업'으로

예쁘게 포장한 예산 선물

From 김종

To 최순실 (K스포츠재단)

2016.7.7. 제10차 무역투자진흥회의 '투자활성화 대책' 중

□ 중점 추진과제 "스포츠산업 민간투자 촉진" 中

3. 민간부문의 창의와 효율성을 최대한 활용할 수 있도록
   스포츠분야에 민간투자를 촉진

   ○ 프로경기장 운영을 지자체 중심에서 구단 중심으로 전환
   ⇨ 장기임대, 계약방식 개선 등으로 고객맞춤형 투자 촉진

   ○ 공공체육시설 운영에 민간위탁을 촉진하여 운영상 효율성 제고

   ○ 국공유지 또는 공공기관 보유 부지에 민간투자를 유치하여
   교육·체험·공연 기능이 복합된 K-Sports Town 조성

   ○ 창조경제혁신센터 연계 스포츠 융복합 산업 육성

무역투자진흥회의

무역과 투자진흥을 통해 경제를 살린다는 목표로 박근혜 정부가 34년 만에 부활시킨 회의로
2013년 5월1일 1차회의를 시작으로 대통령과 민관이 합동으로 경제 활성화를 논의하고 있습니다.

총재 53건 | 방한검토후 34건 | 부분완료 1건 | 국회심의중 2건 | 완료 16건 | 성과

자료 : 국민과 함께하는 규제개혁 '규제정보 포털' / 국무조정실

꽉 짜인 각본, 스포츠산업 활성화와
K스포츠재단 설립

모든 것은 일사불란하게 흘러갔다. K스포츠재단이 올해 1월 13일에 설립되고 스포츠산업 진흥법이 2월 3일에 전부 개정되어 공표되었다. 그리고 같은 달인 2월 17일에 제9차 무역투자진흥회의가 박근혜 대통령 주재로 열렸고 '스포츠산업'이 신산업 육성 중점과제로 발표된다. 그리고 박근혜 대통령은 제9차 무역투자진흥회를 전후로 직접 이재용 삼성전자 부회장, 정몽구 현대차그룹 회장, 최태원 SK 회장, 구본무 LG 회장, 신동빈 롯데 회장과 독대와 면담을 한다.

이 면담에 참여한 대기업 관계자는 이렇게 말했다. "박근혜 대통령이 스포츠 사업 지원을 다시 한 번 요청했다." 그리고 면담이 끝나자마자 기다렸다는 듯이 K스포츠재단이 등장해 SK와 롯데, 포스코, 부영그룹 등에 추가 지원금을 요청했다.

그리고 대기업들은 2016년 8월까지 합계 288억 원을 K스포츠재단에 출연금으로 냈다. 무역투자 진흥을 위해 신산업으로 '스포츠산업'을 육성하겠다는 발표는 이렇게 K스포츠재단에 288억 원의 출연금으로 돌아왔다.

일사불란 했던 최순실 일당의 타임테이블

2016년 1월 13일	K스포츠재단 설립
2016년 2월 3일	스포츠산업진흥법 전부개정
2016년 2월 17일	제9차 무역투자진흥회의
2016년 2월 17일	전후 재벌 총수들과의 독대
2016년 8월까지	K스포츠재단 출연금 288억 원 확보

재벌 출연금에 보답도 하고
K스포츠재단 먹거리를 위해 멍석도 깔고

10차 무역투자진흥회의가 강조했던 스포츠산업 육성의 첫 카드는 재벌 지원과 K스포츠재단 먹거리 확보로 요약할 수 있다.

스포츠 구단을 운영하는 재벌들은 대부분 적자를 감수하면서도 충분한 홍보 효과를 누리고 있는 것으로 스스로 평가하고 있다. 그런데 그 홍보 효과는 깡그리 무시하고 구단 운영 적자를 대신 걱정해주고 있다. 그래서 '스포츠산업'(?) 육성을 위해서 재벌이 운영하는 스포츠 구단이 흑자를 볼 수 있도록 도와줘야 한다는 이상한 논리다.

대부분 체육시설은 지방자치단체가 소유하고 있다. 스포츠

경기장도 마찬가지인데, 대기업 스포츠 구단은 경기장을 위탁이나 사용 수익허가 형태로 사용하고 있다. 그런데 공유재산법 규정(임대 기간 20년 이하)에도 불구하고 스포츠 구단에 대해서는 사용 기간을 25년으로 늘려주는 것도 모자라서 이제 25년에서 50년으로 늘려주겠다고 이 회의에서 약속한 것이다.

재벌과 최순실의 윈윈전략,

프로스포츠단 지원!

2016.7.7. 제10차 무역투자진흥회의 '투자활성화 대책' 중

○ 프로구단의 사실상 전용사용권 확보를 위해 경기장 임대기간을 대폭 확대(스포츠산업진흥법 개정)
* (현행) 25년(연장 허용) → (개선) 50년(연장 허용)
- 공유재산법상 사용료 규정 특례로서, 공공체육시설 사용·수익에 대한 연간사용료 감면*(스포츠산업진흥법 시행령 개정. '16.4/4, 문체부)

○ 구단이 지자체와 협상하여 우선적으로 '명칭사용권'을 가질 수 있는 근거 규정* 신설(스포츠산업진흥법 개정 또는 조례 제·개정)
* 명칭사용권의 자유거래 내용(제3자와 명칭사용권 거래 가능)도 동시에 규정

○ KBO의 중국 야구시장 진출 토대 마련*을 계기로 중국. 동남아 진출을 위한 세부 전략 마련('16.4/4, 문체부)
- 한류스타 주인공의 스포츠 소재 한중 합작 드라마 제작 추진*

여기에다가 '명칭 사용권'도 구단이 가져가도록 해서 수익을 보장해주고 야구 구단의 경우에는 문체부의 스포츠 펀드를 활용해서 홍보 목적의 드라마까지 만들어준다고 했다. 한류

스타 주인공의 스포츠 소재 한중 합작 드라마 제작을 추진하겠다는 것이다. 차은택의 영향력이 느껴지는 대목이다.

이렇게 최순실과 박근혜 대통령은 재벌이 냈던 출연금에 직접 '스포츠산업' 작전으로 보답했고, 이것은 향후 K스포츠재단의 먹거리를 위한 포석이기도 하다. 그리고 김종 전 차관이 주도했을 이러한 설계는 2016년 2월 3일에 전부 개정된 스포츠산업진흥법에서 적나라하게 드러난다.

악마(Devil)는 디테일(Detail)에 숨어 있다

2016년 8월 4일 시행, 스포츠산업 진흥법

[법률 제13967호, 2016.2.3. 전부개정]

제17조(프로스포츠의 육성)

① 국가 및 지방자치단체는 스포츠산업의 발전을 도모하고, 국민의 건전한 여가활동을 진작하기 위하여 프로스포츠 육성에 필요한 시책을 강구할 수 있다.

② 지방자치단체 또는 「공공기관의 운영에 관한 법률」 제4조에 따른 공공기관은 프로스포츠 육성을 위하여 대통령령으로 정하는 바에 따라 프로스포츠단 창단에 출자 또는 출연할 수 있으며, 프로스포츠 활성화를 위하여 필요한 경우 프로스포츠단 사업 추진에 필요한 경비를 지원할 수 있다.

③ 지방자치단체는 공공체육시설의 효율적 활용과 프로스포츠의 활성화를 위하여 필요하다고 인정하는 경우에는 「공유재산 및 물품 관리법」 제21조 제1항 및 제27조 제1항에도 불구하고 공유재산을 25년 이내의 기간을 정하여

그 목적 또는 용도에 장애가 되지 아니하는 범위에서 사용·수익을 허가하거나

관리를 위탁할 수 있다.

④ 지방자치단체의 장은 제3항에 따라 공유재산을 사용·수익하게 하는

경우에는 「공유재산 및 물품 관리법」 제22조에도 불구하고 대통령령으로

정하는 바에 따라 해당 공유재산의 사용료와 납부 방법 등을 정할 수 있다.

⑤ 제3항에 따라 공유재산을 사용·수익하게 하는 경우에는 해당 공유재산의

목적 또는 용도에 장애가 되지 아니하도록 대통령령으로 정하는 바에 따라

사용·수익의 내용 및 조건을 부과하여야 한다.

⑥ 지방자치단체의 장은 공유재산 중 체육시설(민간자본을 유치하여 건설

또는 개수·보수된 시설을 포함한다)을 프로스포츠단의 연고 경기장으로

사용·수익을 허가하거나 그 관리를 위탁하는 경우 「공유재산 및 물품 관리법」

제20조 및 제27조에도 불구하고 해당 체육시설과 그에 딸린 부대시설에 대하여

대통령령으로 정하는 바에 따라 해당 프로스포츠단(민간자본을 유치하여

건설하고 투자자가 해당 시설을 프로스포츠단의 연고 경기장으로 제공하는

경우 민간 투자자를 포함한다)과 우선하여 수의계약할 수 있다. 건설 중인

경우에도 또한 같다.

⑦ 제6항에 따라 공유재산의 사용·수익 허가를 받은 프로스포츠단은

「공유재산 및 물품 관리법」 제20조 제3항에도 불구하고 사용·수익의 내용 및

조건에 위반되지 아니하는 범위에서 지방자치단체의 장의 승인을 받아 다른

자에게 사용·수익하게 할 수 있다.

⑧ 제6항에 따라 공유재산의 사용·수익을 허가받거나 관리를 위탁받은

프로스포츠단은 필요한 경우 해당 체육시설을 직접 수리 또는 보수할 수 있다.

다만, 그 수리 또는 보수가 공유재산의 원상이 변경되는 대통령령으로 정하는

대규모의 수리 또는 보수에 해당할 경우에는 지방자치단체의 장의 승인을

받아야 한다.

⑨ 지방자치단체는 제8항에 따른 수리 또는 보수에 필요한 비용의 전부 또는 일부를 지원할 수 있다.

대담한 작전은 법조문 속에 숨어 있다

좌측의 깨알 같은 글씨의 법조문은 2016년 2월 3일에 전부 개정된 스포츠산업진흥법의 일부이다. 앞서 무역투자진흥협회에서 발표되었던 내용은 사실 이렇게 K스포츠재단이 설립되고 채 한 달이 되지 않은 시점에 법까지 개정되며 예산 농단을 위한 명석이 깔렸다. 프로스포츠단에 관해서만 요약을 하면 다음과 같다.

이제 지자체는 구단에 대해서 경비도 지원하도록 하고 공유재산법도 무시하고 25년까지 사용도 허락하고 그 기간만큼 갱신도 허용하라. - 무역투자진흥회의 대로 50년으로 늘리면 갱신할 경우 100년을 사용할 수 있다. 그냥 가져가라(는 말과 다름없다).

이제 공유재산법도 무시하고 사용료를 재산 시가 1%에서 0.1%만 받도록 하고 연 4번 분할납부 허용하라. 그리고 연고 경기장이면 그냥 그것도 받지 말자.

이제 사용허가를 받은 구단은 다른 자에게도 넘길 수 있도록 해주고 구단의 직접 수리나 보수도 허용해주고 그 비용의 전부도 지원해 주자.

한마디로 100년을 네 소유 경기장인 것처럼 고치고 쓰되 사용료는 내는 척만 하고 들어가는 비용은 지자체에 편하게 손을 벌리라는 얘기다. 차라리 그냥 구단에게 경기장을 주라고 말하면 솔직해 보일 것만 같다.

이들은 여기에서 그냥 멈추지 않는다. 사용허가를 받은 구단이 다른 자에게도 넘길 수 있도록 해주었는데, K스포츠재단이 얼마든지 손쉽게 경기장 하나를 먹을 수 있는 구조다. 직접 수리나 보수를 위한 공사를 하면서 이들은 공사업체를 입맛대로 선정하고 비용을 부풀려 쉽게 배를 불리려 했을 것이다.

또한, 이들은 기존의 구단을 활용하는 것 외에도 새롭게 구단을 창단해서 이익을 실현하고자 했다. 최순실이 실소유주로 추정되는 더블루K가 직접 포스코에 배드민턴팀 창단을 요구하고 K스포츠재단까지 나서서 종용한 바가 있다. 결국, 포스코는 끝내 창단을 고사하고 K스포츠재단에 19억 원의 출연금을 추가로 내야만 했다.[60]

이러한 모습은 스포츠토토 위탁사업자였던 케이토토에 빙상단 창단을 요구한 곳에서도 드러난다. 결국, 장시호와 인연이 있는 이규혁이 감독이 되었고 최순실은 '찜질방 멤버'

인 하 모 씨까지 밀어 넣으려고 했다. 지금 스포츠토토 빙상단은 철거에서 존치로 변경된 강릉 빙상경기장을 쳐다보고 있을 것이다. 이들의 100년 무상임대의 꿈은 현재 진행형이다. K스포츠재단이 없어진 빈자리를 누가 채울까? 동계스포츠 쪽은 장시호가 설립한 동계스포츠영재센터와 기획사들이 죽지 않고 살아 있다.

'스포츠 도시 육성' 사업, 강릉을 장시호의 품으로

문체부의 '스포츠 도시 육성' 사업은 수도권을 제외한 특정 도시를 지정해서 1년 차에 10억 원, 2년 차에 20억 원, 3년 차에 30억 원을 지원하는 사업으로 2개 도시를 지정하기로 한 사업이다. 이 사업으로 최순실은 장시호에게 총 60억 원의 먹거리를 지자체를 통해서 던져주고자 했던 것 같다. 이 사업이 드러났던 것은 앞서 케이토토가 창단했던 이규혁 감독의 빙상단이 강릉을 연고로 했기 때문이다. 이에 장시호가 동계스포츠 영재센터로 자리 잡았던 강릉이 더 주목을 받았다. 실제로 김종 전 차관은 올해 1월 빙상단 창단식에서 "강릉이 빙상으로 특화된 도시 이미지를 구축하면 지역 경제에 크게 기여할 것"이라고 말했다. 또, 김재원 체육정책실장은 "강릉을 세계적인 빙상 스포츠 도시로 육성하는 플랜을 수립해 시행하겠다."고 밝힌 바도 있다. 문체부의 한 관계자는

"강릉빙상장 사후 관리를 위해 강원 강릉시를 스포츠 도시로 내정했다."고 까지 말했다.[61]

실제로 문체부는 10월 25일 강릉, 충주, 광주 서구, 제주 서귀포 등 4개 지자체에 공문을 보내 후보지로 선정되었으니 공모 신청을 하라고 요구했다고 한다. 총 120억 원이 들어가는 대규모 사업을 불과 3주 안에 일사천리로 공모를 받고 대상지를 결정하는 어이없는 상황. 그러나 소문을 막을 수는 없었나 보다. 한 지자체 관계자는 "이렇게 짧은 시간에 준비하라는 건 다른 도시들은 들러리 서라는 것"이라며 "솔직히 다들 떨어지길 바라는 눈치"라고 했다.[62]

게다가 스포츠 도시 사업과 관련한 용역과제를 더블루K가 K스포츠재단의 연구용역으로 수행한 바가 드러났으며 [63] 검찰은 연구 수행능력도 없는 더블루K가 7억 원의 용역에 제안한 것에 대해 사기미수 혐의를 적용했다.

문체부는 끝까지 이 사업은 지자체에 내리는 돈이기 때문에 특정인이나 특정 기업을 지원하는 것이 아니라고 발뺌하고 있다. 그러나 스포츠산업진흥법은 지역 연고 스포츠단인 케이토토 빙상단이 강릉빙상경기장을 연고경기장으로 쓰게 되면 강릉시의 온갖 혜택을 받을 수 있게 만들었다. 거기에 '스포츠 도시 육성' 사업으로 60억 원의 정부 예산 선물을 받는 강릉시는 각종 사업과 지원으로 추가 보답을 할 거고. 참이 사람들 치밀하다. 강릉 빙상경기장을 철거에서 존치로 바꿀 때 이미 모든 구상은 완료되었던 모양이다. 최근에 '스포츠 도시 육성' 사업은 '스포노믹스'로 사업 이름을 바꾸었다.

K스포츠재단의 본색, 체육시설 관리!

〈2016.7.7. 제10차 무역투자진흥회의 '투자 활성화 대책' 중〉

(현황)

- 공공체육시설은 경직적 운영으로 만성 적자, 노후화로 인한 안전 문제, 유휴 공간 활용 미비 등의 한계에 직면 – 전국육상경기장 242개 중, 20년 이상 노후시설 32.6%, 사직야구장 등 일부 시설은 안전등급 C등급으로 이용자 안전을 위한 개보수 필요

- 지자체 직영 및 공공부문 위탁 중심의 관리 운영으로 스포츠시설 운영에 민간 참여 부진 – 2014년 말 기준 종합운동장의 73.5%, 구기체육관의 59.5%를 지자체가 직영

  (개선방안)

- 스포츠 시설 운영에 민간의 경영 능력을 적극 활용하여 효율성 제고

- 공공체육시설의 민간위탁 활성화를 위해 조례 제·개정 추진(표준 조례안 마련, '17.1/4, 문체부·지자체) – 공공체육시설에 대한 위탁대상 확대, 위탁기간 장기화, 위탁자 평가 및 선정시 경쟁입찰 원칙 도입 등 규정

K스포츠재단,
전국 체육시설 관리운영권을 노리며
본색을 드러내다

제10차 무역투자진흥회의를 통해서 발표된 공공체육시설에 대한 민간투자 활성화 방안은 K스포츠재단의 먹거리 사업을 정조준하고 있다.

전국의 공공체육시설의 부실한 운영과 관리를 민간이 참여해 해결해야 한다는 논리다. 민간위탁을 획기적으로 늘리고서 위탁 기간도 화끈하게 늘리라는 것이다.

회의에서는 앞으로 K스포츠재단의 먹거리가 될 대상을 친절하게 소개하고 있다. 먼저 전국 육상경기장 242개. 노후화되고 적자에 시달리니 이용자 안전과 효율적인 운영을 K스포츠재단에게 맡기라는 뜻이다.

여기에 그치지 않고 민간위탁 활성화를 위한 조례까지 모든 지방자치단체에 내려보내겠다는 것인데, 이 정도면 대놓고 먹겠다는 것이나 다름없다.

앞서 스포츠산업진흥법 개정 내용을 확인했지만, K스포츠재단은 전국의 체육시설 관리를 노렸다. 민간의 효율적인 경영 능력을 강조하며 지자체로부터 관리운영권을 넘겨받은 다음에, 다양하게 길이 열린 수익사업으로 돈벌이에 나설 터였다. 물론 각종 관리운영 비용과 수리보수 비용 등은 정부 예산으로 충당하면서. 이들은 앉아서 각종 사업권을 하청으로 팔아넘기며 정부 예산으로 식솔들을 먹여 살릴 것이며, 호주머니까지 두둑하게 채울 것이다.

다른 경쟁 업체들도 뛰어들면 되지 않겠냐고? 이들을 쉽게 보지 마라. K스포츠재단 영업 현장에는 문체부 공무원과 대한체육회까지 함께 뛰고 있다. (다음 장을 참조) 이런 식으로 경력만 쌓으면. 이만한 인력과 자본과 경험을 갖춘 기관은 우리나라에 더는 없게 된다. K스포츠재단 빼고 말이다.

체육시설 확충 & 체육시설 관리 수탁

〈2016.2.17. 제9차 무역투자진흥회의 '투자 활성화 대책' 중〉

스포츠시설 확충

① 개발제한구역 규제 개선
(개선방안)
지자체의 GB 내 체육시설 확충을 위해 입지규제 개선
(실내체육관)
복합체육관 설립이 가능하도록 건축 연면적 기준
확대(800㎡→1,500㎡)(개발제한구역법 시행령 개정, '16.2/4, 국토부)
(실외 체육시설)
이용자 편의를 위해 설치 가능한 부대시설 용도

확대(샤워실·조명탑·사무실 등 편의시설)(유권해석, '16.1/4, 국토부)

스케이트보드, 인라인스케이트 등 X(익스트림) 스포츠

시설도 입지 허용

② 시설투자에 대한 세제 지원

(개선방안)

수영장 등 체육시설(9개 종목 - 수영장, 스키장, 요트장, 조정장,

카누장, 빙상장, 자동차경주장, 승마장, 종합체육시설)이 전문휴양업이

아니더라도 제조업 등 여타 업종과 동일한 수준의 고용

창출 투자세액공제 적용(조세특례제한법 시행령 개정, '16.4/4,

기재부)

③ 국가하천 내 체육시설 확충

(개선방안)

보전 필요성이 낮은 하천 보전지구를 친수지구로 변경

하천 지구지정 기준 및 지구별 관리기준을 마련(하천 기본

계획 수립지침, '15.12월 旣개정, 국토부)하였고, 이에 따라 지역사회

의견 수렴을 통해 지구변경 추진('16.2/4, 국토부)

유권해석을 통해 실내외 체육시설을 국가소유 폐하천

부지에 설치 가능한 건축물에 포함('16.1/4, 해수부)

누이 좋고 매부 좋고, 땅 주인들과 K스포츠재단의 윈윈 앙상블

최순실 일당은 신규 체육시설 설치도 쉽게 만들었다. 있는 것도 부족하니 더 크고 더 좋은 시설을 아예 남의 돈(정부 예산)으로 짓겠다는 것이다.

국토부까지 동원해서 신규 체육시설 설치를 쉽게 했는데, 먼저 그린벨트 개발 요건을 완화했다. 여기 땅 가진 사람들의 환호성이 들린다. 그뿐만 아니라 지을 수 있는 시설 종목도 넓혀 주었다. 기존에는 배구장, 테니스장, 잔디축구장, 야구장 등에 대해서만 가능했는데, 이제는 스케이트보드, 인라인 스케이트 등 익스트림 스포츠 등 폭넓게 열어 주었다.

또한, 기존에는 부대시설로 탈의실, 세면장, 화장실, 운동기구 보관창고와 간이 휴게소로 제한되었는데, 이제는 샤워실, 조명탑, 사무실 등 편의시설까지 모두 설치할 수가 있다.

그런데 K스포츠재단은 이렇게 문을 열어 주기도 전에 들락날락하며 영업을 시작했다. K스포츠재단 관계자가 문체부 공무원과 대한체육회 관계자까지 동행하여 남양주에 K스포츠클럽을 제안했던 사건으로 그 실체가 드러났다. 남양주시 관계자는 그 현장에서 "K스포츠재단이 남양주는 시설을 지어주고 재단은 인력과 강사들을 지원하고"라며 재단이 시설을 운영하겠다는 말을 들었다고 밝혔다. 이들은 이렇게 팀을 짜서 3일 동안 남양주를 포함해 전북 고창과 서울 은평구 등 5개 지자체를 돌아다니며 K스포츠클럽 사업을 제안했다는 것이 밝혀졌다.[64]

명확한 권한도 없는(또는 밀실에서 협약을 진행한) K스포츠재단이 문체부 공무원과 체육회를 앞세워 정부의 공모사업 응모를 지자체에 독려하고 다녔다. 관(官)과 민(民)이 결탁해 정부 예산을 밀어주려는 시도로 볼 수 있다. 뒤늦게 문제를 깨달은 대한체육회 관계자는 '문체부 관계자가 김종 문체부 제2차관이 동행하라고 시켰다.'고 밝혔고 '비상식적인 일이었고 저희가 실사를 갔다 온 다음 문체부에 정식으로 문제를 제기했다'고까지 말했다.[65] 이후에 김종 전 차관은 K스포츠재단의 사업 참여는 순수하게 체육 육성을 위한 일이었다고 해명하였는데, 사업 대상자가 직접 공무원과 체육회를 동원해 영업을 뛰는 비정상적인 행위는 이런 말로 쉽게 정당화되긴 어렵다. 김종 전 차관은 "(K스포츠재단이) 최순실에 의해 운영되는 재단인 것을 그 당시에는 전혀 알지 못했고, 같이 사업을 추진하는 것이 옳다고 생각해서…"라고 인터뷰를 했는데,[66] 김종 전 차관은 최순실의 존재를 뒤늦게 인정했다.

신규 체육시설 설치를 쉽게 하는 데에는 이와 같은 K스포츠클럽 사업이 배경에 있었다. 한데 묶는 것이 어색한 생활체육 종목들을 지역 동호회 등의 스포츠클럽들을 중심으로 하나로 묶고 이들을 위해 새로운 시설까지 설치해서 운영권을 K스포츠재단이 차지하겠다는 전략이었던 것이다.

> 그린벨트 풀어주고
> 하천지구도 열어주고
> 세금까지 깎아주고

배려는 여기에 그치지 않는다. 세금까지 깎아 주기로 했다. 본래 제조업이나 전문휴양업 등에만 적용되는 고용창출투자세액공제를 이제 수영장, 스키장, 요트장, 조정장, 카누장, 빙상장, 자동차 경주장, 승마장, 종합체육시설 등에 적용을 해준단다. 본래 해당 세액공제는 설비 등에 대한 투자 이후에 고용이 증가할 경우 투자금액의 3% 범위에서 근로자 1명당 1,000~2,000만 원 이내 소득세 또는 법인세를 감면해 준다는 내용이다. 지자체가 시설과 설비투자를 하면, K스포츠재단 식솔들은 일자리를 얻고 재단은 운영비용까지 크게 아낄 수 있도록 설계한 것이다. 이 정도 되면 문체부나 국토부, 기재부 공무원들도 이렇게 심하게 챙겨주어도 괜찮나 싶었을 것 같다. 이렇게 최순실 일당의 정부 예산 뽑아먹기 프로젝트는 박근혜 대통령의 뻔뻔한 투자무역진흥회의에서 한 발표 덕분에 빈틈없이 착착 진행되었다.

여기에 그치지 않고 국토부는 하천 주변 토지 소유자들의 숙

원까지 동시에 해결해주는 원윈(?) 전략을 또 한 번 구사한
다. 하천 보전 지구를 친수지구로 까지 바꿔주어 땅값은 올
려주고 K스포츠재단은 체육시설을 편안하게 지을 수 있도록
길을 열어 주었다. 그린벨트 제한 해제와 보전 필요성이 있
는 하천 주변 지역에 개발을 규제 완화라는 미명하에 이루어
지게 된 것이다. 박정희 대통령과 박근혜 대통령이 애지중지
했던 투자무역진흥회의가 최순실 일당의 배를 불리기 위한
전략 모의로 전락해 버렸다.

장시호를 위한 선물? K스포츠타운 조성 사업

2016.7.7. 제10차 무역투자진흥회의 '투자 활성화 대책' 중

K스포츠타운 조성

(현황)

중국, 동남아 등에서 한국 골프·야구 등을 교육받고자

하는 수요가 있으나, 기반 시설 부족 등으로 적극적 대응

미흡 – 글로벌 스포츠 유망주를 발굴하여 체계적으로

육성·홍보할 수 있는 전문 육성 시스템도 부재

(개선방안)

글로벌 수준의 스포츠 교육·체험 시설((가칭) K-Sports Town)

조성을 추진하고 스포츠 전문 마케팅 기업 육성.

적정 부지 확보 및 민간투자 유치를 통해

교육·체험·공연 기능이 복합된 K-Sports Town 조성

추진. ('16.3/4~, 문체부)

K-Sports Town 시설 주요 내용(예시)

(아카데미) 골프, 축구, 양궁 등 우리나라가 강점을 가진 분야의 글로벌

아카데미 운영 / (스포츠 체험) VR · AR 등 첨단 기술을 활용한 스포츠 체험

시설 / (체육관 겸 공연장) K-pop과 연계한 각종 스포츠 이벤트를 즐길 수

있는 장소 / (의료 서비스) 부상 예방 및 재활을 위한 의료 서비스 제공

K-Sports Town 운영 위탁、자금 융자지원 등을 통해

체계적 매니지먼트 시스템(예 : 기존의 국내 연예매니지먼트사

시스템을 스포츠 분야에도 적용, 스포츠 유망주를 발굴→육성→

관리→마케팅하는 진화된 매니지먼트 시스템)**을 보유한 전문**

스포츠마케팅 기업 육성. ('16.3/4~, 문체부)

꿈같은 사업,
그냥 꿈으로 끝나길

최순실이 끔찍이 아꼈다는 장시호는 동계스포츠 영재센터 운영에 그리 능숙하지 못했다고 한다. 본래 K스포츠재단 운영까지 염두에 둔 시험에서 합격점을 받지 못했던 것으로 보인다. 그래서 부랴부랴 장시호 맞춤형 사업을 하나 만들어준 것이 'K스포츠타운 조성사업'.

최순실은 장시호에게 평창 올림픽이 끝나면 남아 있는 시설 관리 수탁을 맡기고자 했던 것인데, 동계스포츠 영재센터, 또

는 더스포츠엠(장 씨 개인회사) 같은 사업체를 통해서 진입하고자 했을 것이다. 그중에서도 특히 철거에서 존치로 바꾼 강릉 빙상경기장을 노렸을 것. 여기에 장시호가 강점을 보이는 인맥을 활용해서 전 메달리스트나 전 국가대표 출신 인맥을 강사로 활용하는 스포츠 교육 프로그램을 운영하려 하였다.

또한, 가상현실(VR) 기술업체들과의 인연을 여기 K스포츠타운의 스포츠 체험 프로그램에 활용하려고 했다. 그리고 최순실이나 장시호와 인연이 있는 연예 기획사를 활용해 스포츠 이벤트나 공연을 하고 심지어 스포츠 스타를 길러내는 매니지먼트 사업까지 직접 정부 예산 사업으로 하려고 했다.

이것도 모자랐는지 심지어 의료 서비스 영역까지 뛰어들었다. 부상 예방 및 재활을 위한 의료 서비스까지 제공하는 스포츠 재활센터나 병원까지 설치한단다. 정말 '글로벌스포츠교육체험한류재활마케팅종합매니지먼트 타운'을 만들겠다는 것이다.

이름까지 맞춤형, K스포츠클럽 육성 사업

K-스포츠클럽육성 사업(2017년 문체부 예산서)

(국정과제)

K-스포츠클럽 육성 13,000백만 원

K-스포츠클럽 '13년도 9개소 운영을 시작으로 전국 시군구에 개소 확대 :

9개소('13) → 18개소('14) → 30개소('15) → 57개소('16) → 112개소('17

목표) → 140개소('18) / 'K-스포츠클럽' 이란? : 전국 시·군·구 단위에 공공스포츠클럽을 설립하여 국민의 생애 주기별 스포츠 활동을 지원하고 선수 출신 지도자 일자리 창출 지원 등 선진형 국민스포츠클럽

- 기존 39개소 10,100백만 원

  3년 차 12개 3,000백만 원

  (대도시형 300백만 원×6개, 중소도시형 200백만 원×6개)

  2년 차 27개 7,100백만 원

  (대도시형 300백만 원×17개, 중소도시형 200백만 원×10개)

- 신규 10개소 2,600백만 원

  (대도시형 300백만 원×6개, 중소도시형 200백만 원×4개)

- 운영비(사업 홍보, 평가 및 만족도조사 등) 300백만 원

  대도시형(300백만 원)

  법인설립 기본재산예치 등 50백만 원

  인건비 215백만 원

  – 클럽매니저 30백만 원(2,500천 원×12월)

  – 지도자 185백만 원 (2,200천 원×7명×12월)

  클럽운영 및 홍보비 35백만 원

  – 회원 모집 및 관리 15백만 원, 운동용품 구입 등 6백만 원, 종목별대회 등 14백만 원

  중소도시형(200백만 원)

  법인설립 기본재산예치 등 50백만 원

  인건비 136백만 원

  – 클럽매니저 30백만 원(2,500천 원×12월)

  – 지도자 106백만 원(2,200천 원×4명×12월)

  클럽운영 및 홍보비 14백만 원

  – 회원 모집 및 관리 8백만 원, 운동용품 구입 등 6백만 원

이름부터 K스포츠재단이 찜 한 사업,
K스포츠클럽 육성 사업

K스포츠클럽은 원래부터 K스포츠클럽이 아니었다. 2013년에 시작한 해당 사업은 본래 종합형 스포츠클럽이라는 명칭으로 시작했다. 그러나 돌연 지난해 6월 사업 명칭을 K스포츠클럽이라고 변경했다. 이어서 11월에는 전국 스포츠클럽에 공문을 내려 K스포츠클럽으로 명칭을 변경하라고 지시까지 한다. K스포츠재단에게 이 사업은 마치 자동문과 같이 느껴졌을 것이다.

아니나 다를까 앞서도 밝혔듯이 올해 상반기 문체부 공무원과 대한체육회 관계자들은 K스포츠재단 직원을 직접 챙겨서 경기 남양주시와 충남 당진시, 전북 고창군 등을 방문했다. 그 자리에서 K스포츠클럽은 거점 K스포츠클럽 설립을 위한 컨소시엄 구성을 제안했고 남양주시는 순진하게도 문체부 관계자의 적극적인 권유로 K스포츠재단과 업무협약까지 체결하였다. 남양주시가 시설과 운영예산을 제공하고 K스포츠재단이 강사와 인력을 동원하여 직접 운영하는 방식이었다. 남양주시 입장에서는 다행스럽게도 문체부에서 남양주시는 시설물 부족을 이유로 탈락시키고 대신 부산, 광주, 그리고 전북 남원을 사업 대상자로 선정했다. 다시 한번 말하지만 K스포츠재단은 정부의 거점 K스포츠클럽 사업에 대한 정보를 미리 입수했던 것도 미심쩍지만 사업 대상자가 정부 관계자

와 체육회까지 대동해 사실상 영업을 했다는 것이 아찔하게
만 느껴진다.

2015년 87억 원이던 사업 예산은 2016년, 2017년 각각 130
억 원으로 크게 늘었다. 최소한 광역 거점 K스포츠클럽 설치
사업만큼은 지금 당장 집행을 정지시켜야 한다.

김종은 없지만 김종의 꿈은 멈추지 않는다

2016.7.7. 제10차 무역투자진흥회의 '투자 활성화 대책' 중

창조경제혁신센터 연계 스포츠 융복합산업 육성

(현황)

일부 지역을 거점*으로 지역의 스포츠 관련 기업을

지원*중이나 다른 분야와의 융복합 촉진 및 스타트업

육성에는 한계

* 대구 테크노파크('15.6월)에서 전략제품화(용품), 실생활테스트(사용성

평가), 창업 인큐베이팅, R&D, 제품시연회·세미나 개최 등 지원

(개선방안)

창조경제혁신센터와의 연계 및 공공데이터 활용 등을

통해 유망 스포츠 스타트업을 지원

• 지역 스포츠 융복합산업 거점과 창조경제혁신센터간

연계를 통해 스포츠 스타트업 육성을 지원

- 창조경제혁신센터의 보유 프로그램을 활용하여 ICT·

신소재 기반 스포츠 스타트업 집중 지원('16.4/4. 미래부)

- 지역 스포츠 융복합산업 거점 인근 공공체육시설을

스포츠산업진흥시설로 지정하여 입주공간 지원
('17.2/4, 문체부)

- 스포츠 기업이 새로운 사업모델(예 : 건강관리)을
  개발할 수 있도록 '국민체력 100*'을 통해 축적된
  데이터를 제공('16.4/4, 문체부·미래부)

  * 개인의 체력상태를 과학적 방법으로 측정·평가하여 운동 상담 및 처방의
  대국민 체육복지 서비스(약 30만 명 데이터 누적, '12~'16)

- SW 특화 혁신센터 전담기업(네이버, 다음)이
  빅데이터 기술 지원

문화계 '융복합' 작전의 체육계 버전, 스포츠 융복합 산업 육성

'창조경제혁신센터 연계 스포츠 융복합 산업 육성'은 차은택이 송성각의 콘텐츠진흥원을 예산 허브로 활용해 김종덕과 김상률을 등에 업고 추진했던 것과 비슷하다. 한 마디로 최순실 표 '융복합' 작전의 체육계 버전이라고 보면 된다.

첫 기획이었던 대구 테크노파크 거점 '스포츠 융복한 산업' 육성은 기대만큼 성과가 없다는 평가다. 그래서 제10차 무역투자진흥회의를 계기로 아예 이를 미래부의 창조경제혁신센터를 거점으로 활용해 각 광역지역별로 해당 사업 프로그램을 확대하려고 했다.

여기서 등장하는 김종 전 차관의 아이디어가 바로 창조경제 혁신센터와 지역 공공체육시설을 매칭한다는 것이다. 스포츠 기업은 창조경제혁신센터 예산으로 창업하거나 교육 및 지원을 받고, 입주는 주변 지역 공공체육시설의 공간에 한다는 것이다. 이렇게 스포츠산업 기업이 입주하는 지역공공체육시설을 '스포츠산업진흥시설'로 지정하겠다는 것인데, 기반도 미약한 스포츠산업에 '융복합'이라는 무리한 브랜딩을 하고 거기에 체육시설을 결합시킨다? 꿈은 가상하지만 뭔가 어색하고 엉성하다.

특정 산업을 정부의 지원으로 육성하고 지원하는 일은 매우 신중해야 하고 정부와 전문가, 국민의 공감대 속에서 추진해야 한다. 그렇지 않으면 미래 경쟁력과 발전 가능성에 대한 충분한 검토 없이 밑 빠진 독에 물 붓기가 될 수 있다. 정부 지원이 오히려 경쟁력이 낮은 기업이나 좀비기업의 퇴출을 막아서 시장경제 질서에 혼란을 주기도 하고 더 나아가 사업가 정신없이 정부 지원에만 의존하는 사장들의 겉만 번지르르한 명함만 늘려줄 수도 있기 때문이다.

특히 이번 경우는 스포츠산업이라는 저변 자체가 미약한 가운데 김종 전 차관과 깊은 인연을 가진 스포츠산업협회의 회원사들에 일방적인 혜택이 돌아갈 우려가 있다. 하단 그래프는 스포츠산업 활성화와 관련한 예산사업 중 하나인 '스포츠산업 활성화 지원' 사업의 예산 증가 추이를 보여주고 있다. 3년 만에 예산액이 크게 늘었는데, 세상에 2배도 아니고 21

배가 증가했다. 백번 양보해서 스포츠산업이 우리나라를 먹여 살릴 잠재력이 충만한 미래 산업이라고 인정한다 하더라도 이런 식으로 예산을 쏟아붓는 것은 그 어떤 논리로도 설명하기 어렵다.

문체부 제2차관실에는 그가 발탁하고 성장시킨 직원들, 즉 김종 전 차관의 키즈(kids)들이 잠시 비를 피했다가 요직으로 화려하게 컴백할 것으로 보이고 이들은 김종 전 차관이 박태환을 위협하며 강조했듯이 체육계 인연과 학연을 기반으로 끈끈하게 움직일 것이다.

김종 표 스포츠산업 예산은 최순실 사태에도 크게 상처받지 않고 2017년 그대로 살아서 진행되고 있다. 무엇보다 스포츠산업진흥법이 확실한 도장을 찍어준 이상[67] 내년도 내 후년도, 그 이후에도 이 예산은 생명력을 잃지 않을 것이다. 아직까지 문체부 제2차관실에 살아남아 있거나 큰비가 그치면

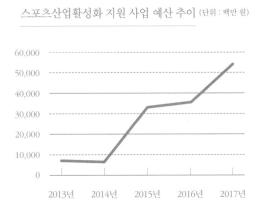

스포츠산업활성화 지원 사업 예산 추이 (단위 : 백만 원)

다시 돌아올 김종 전 차관의 키즈(kids)들은 그래서 할 일이 많다.

스포츠산업 진흥법 관련 조항

제11조 (스포츠산업진흥시설의 지정 등)

① 문화체육관광부 장관은 스포츠산업의 진흥을 위하여 지방자치단체의 장과 협의하여 다음 각호의 지정요건을 갖춘 해당 지방자치단체 소유의 공공체육시설을 스포츠산업진흥시설로 지정할 수 있다. 이 경우 시설 설치 및 보수 등에 필요한 자금의 전부 또는 일부를 지원할 수 있다.

1   문화체육관광부령으로 정하는 수 이상의

     스포츠산업 사업자가 입주할 것

2   입주하는 스포츠산업 사업자의 100분의 30 이상이

     「중소기업 기본법」 제2조에 따른 중소기업자일 것

3   입주하는 스포츠산업 사업자가 공동으로 이용할 수 있는

     공용 회의실 및 공용 장비실 등의 공용이용시설을

     설치할 것

② 제1항에 따른 스포츠산업진흥시설로 지정을 받고자 하는 지방자치단체의 장은 대통령령으로 정하는 바에 따라 문화체육관광부 장관에게 지정을 신청하여야 한다.

③ 제2항에도 불구하고 문화체육관광부 장관은 프로스포츠의 육성을 위하여 필요하다고 인정하는 경우 지방자치단체의 장과 협의하여 해당 지방자치단체 내의

프로스포츠단 연고 경기장을 스포츠산업진흥시설로
우선 지정할 수 있다.

④ 그 밖에 스포츠산업진흥시설의 지정 및 지원 등에
필요한 사항은 대통령령으로 정한다.

제13조 (국유·공유 재산의 대부·사용 등)

① 국가 또는 지방자치단체는 제11조 제1항에 따른
스포츠산업진흥시설의 지정 및 운영을 위하여
필요하다고 인정하는 경우에는 「국유재산법」 또는
「공유재산 및 물품 관리법」에도 불구하고 국유·공유
재산을 수의계약으로 대부·사용·수익하게 하거나
매각할 수 있다.

② 제1항에 따른 국유·공유 재산의
대부·사용·수익·매각 등의 내용 및 조건에 관하여는
「국유재산법」 또는 「공유재산 및 물품 관리법」에서
정하는 바에 따른다.

스포츠산업 진흥법 시행령 관련 조항

제8조 (스포츠산업진흥시설의 지정 절차)

① 법 제11조 제1항 각호 외의 부분 전단에 따라
해당 지방자치단체 소유의 공공체육시설을
스포츠산업진흥시설(이하 "진흥시설"이라 한다)로
지정받으려는 지방자치단체의 장은 문화체육관광부
령으로정하는 지정신청서에 같은 항 각 호의 지정

요건을 갖추었음을 증명하는 서류를 첨부하여
문화체육관광부 장관에게 제출하여야 한다.
② 문화체육관광부 장관은 진흥시설을 지정한 경우
문화체육관광부 인터넷 홈페이지에 그 사실을
공고하여야 한다.
③ 제1항과 제2항에서 규정한 사항 외에 진흥시설의
지정에 필요한 사항은 문화체육관광부 장관이 정하여
고시한다.

제9조 (진흥시설의 지원)
① 문화체육관광부 장관은 법 제11조 제1항 각호 외의
부분 후단에 따라 진흥시설에 다음 각호의 지원을 할 수
있다.

1   진흥시설의 운영에 필요한 자금의 지원

2   공동이용시설의 설치비·운영비의 지원

② 제1항에서 규정한 사항 외에 진흥시설의 지원에
필요한 사항은 문화체육관광부 장관이 정하여 고시한다.

이렇게 김종 전 차관의 꿈은, 예산은 물론 법의 도장까지 받
아서 계속 살아남을 예정이다. 비단 김종 전 차관이 창립멤
버이자 이사를 역임했던 스포츠산업협회 회원사들을 위한
먹거리로만 살아남는 것이 아니라 제2, 제3의 K스포츠재단
과 관련 조직 및 관련 기업들의 먹거리로 꾸준히 살아남게
될 것이다.

더군다나 스포츠산업 진흥법은 '스포츠산업진흥시설'만 신설 기관으로 보장해줄 뿐만 아니라 다음과 같은 새로운 기관의 등장을 예고하고 있다.

스포츠산업진흥법 관련 조항

제14조 (스포츠산업지원센터의 지정 등)

① 문화체육관광부 장관은 스포츠산업의 발전을 위하여 다음 각호의 어느 하나에 해당하는 기관을 스포츠산업지원센터(이하 "지원센터"라 한다)로 지정할 수 있다.

1   국공립 연구기관

2   「고등교육법」에 따른 대학 또는 전문대학

3   「특정연구기관 육성법」에 따른 특정연구기관

4   그 밖에 문화체육관광부령으로 정하는 기관

② 지원센터는 다음 각호의 기능을 행한다.

1   스포츠산업 발전을 위한 지방자치단체와의 협조에 관한 사항

2   스포츠산업체 발전을 위한 상담 등 지원에 관한 사항

③ 문화체육관광부 장관은 지원센터가 제2항의 기능을 충실하게 이행하지 아니하는 때에는 그 지정을 해제할 수 있다.

④ 지원센터의 지정 및 해제 절차 등에 필요한 사항은 대통령령으로 정한다.

제16조 (스포츠산업에 대한 출자)

정부는 스포츠산업에 대한 투자 활성화를 위하여 대통령령으로 정하는 바에 따라 예산의 범위에서 다음 각호의 조합이나 회사에 출자할 수 있다.

1   「벤처기업육성에 관한 특별조치법」에 따른 중소기업투자모태 조합과 한국벤처투자조합

2   「중소기업창업 지원법」에 따른 중소기업창업투자조합

3   그 밖에 스포츠산업체에 투자하거나 스포츠산업에 대한 투자를 목적으로 설립된 조합 또는 회사

제19조 (국제교류 및 해외시장 진출 지원)

① 문화체육관광부 장관은 국내 스포츠산업의 경쟁력 강화와 스포츠산업 관련 상품의 해외시장 진출을 활성화하기 위하여 다음 각호의 사업을 지원할 수 있다.

1   외국과의 공동제작

2   방송·인터넷 등을 통한 해외 마케팅·홍보활동

3   외국자본의 투자유치

4   수출 관련 협력체계의 구축

5   그 밖에 스포츠산업의 경쟁력 강화 및 해외시장 진출을 위한 사업

② 문화체육관광부 장관은 제1항에 따른 사업을 효율적으로 지원하기 위하여 대통령령으로 정하는 관련 기관이나 단체에 대하여 이를 위탁 또는 대행하게 할 수 있으며, 이에 필요한 비용을 보조할 수 있다.

제20조 (사업자단체의 설립)

스포츠산업 사업자는 스포츠산업의 진흥과 상호

협력증진 등을 위하여 대통령령으로 정하는 바에 따라 문화체육관광부 장관의 인가를 받아 업종별로 사업자단체를 설립할 수 있다.

제22조 (권한의 위임·위탁)
문화체육관광부장관은 이 법에 따른 권한의 일부를 대통령령으로 정하는 바에 따라 특별시장·광역시장·특별자치시장·도지사·특별자치도지사에게 위임하거나 스포츠산업의 진흥을 목적으로 설립된 기관이나 법인 또는 단체에 위탁할 수 있다.

김종 전 차관이 문체부에 있는 동안 미처 이루지 못했던 꿈은 김종 전 차관들의 키즈(kids)들, 이미 집행되고 있는 사업 예산들, 그리고 스포츠산업 진흥법이 3박자를 이루어 완성을 기다리고 있다.

현재로서는 국민체육진흥공단 산하의 '한국스포츠개발원'이 중앙스포츠산업지원센터의 역할을 할 것으로 보이고, 지역 스포츠산업지원센터와 스포츠산업진흥시설은 각종 지역 단위의 스포츠개발원의 거점센터들과 지역 단위 대한체육회 조직이 역할을, 또 사업자 단체는 스포츠산업협회의 회원사들이 역할을 할 것으로 짐작된다. 김종 전 차관은 떠났지만, 그의 꿈은 여전히 우리의 세금을 흡입하며 우리도 모르는 사이 날개를 펴는 날이 올지 모른다.

완성을 기다리는

김종의 스포츠산업

꿈의 조각들

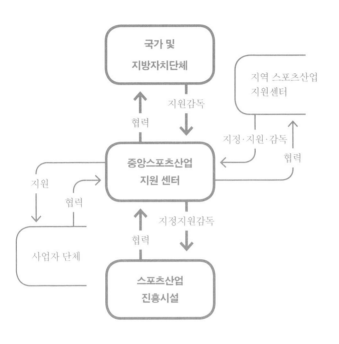

최순실을 보좌한 최고의 부역자,

김종 편을 마무리하며

김종 전 차관은 정말 대단한 인물이다. 인정한다. 1조 6천억
원의 체육계 예산 밥그릇을 키워냈고 온갖 인사 전횡과 추진

력을 발휘하여 유력 체육계 조직을 대부분 장악해 냈다. 또 강원도와 서울을 오가며 강원도에서는 평창올림픽과 장시호를 마크하고, 서울에서는 K스포츠재단과 최순실을 마크해 내며 수많은 체육예산사업을 성공적으로 안착시켰기 때문이다.

문화계에서는 최순실, 차은택, 송성각, 김종덕, 김상률 등 걸출한 인물들이 전부 달라붙고 문화융성위원회 등의 조직적인 지원이 있었음에도 곳곳에 구멍이 뚫리며 물이 새더니 결국 배가 좌초하고 말았는데 말이다. 김종 전 차관은 이 모든 이들과 조직들의 역할을 혈혈단신으로 소화해내며 설계, 기획, 실행, 이 모든 부분을 완벽하게 수행해 냈다. 또 국회와 기재부의 예산삭감 칼날도 모두 피해 예산사업을 순조롭게 예산서에 앉혀 낸 것으로 평가받기 때문이다.

그러나 잊지 말아야 할 것이 있다. 김종 전 차관은 관료였다는 점이다. 체육계에 인맥이 두텁고 발이 넓은 사람이라는 특징이 있었지만, 그가 이렇게 모든 것을 해낼 수 있었던 것은 문체부의 핵심 관료였다는 점이다.

김종 전 차관은 등장하자마자 부서 편제를 조정하고 인사 조정을 통해서 자신의 사람들로 핵심 부서장을 채웠고 실무선까지 조정했던 것으로 보인다. 이들이 바로 앞서 말했던 김종 전 차관의 키즈(kids)들이고 일부는 올해 6월과 7월을 전후로 해서 비를 피하러 자리를 옮기기도 했다.

그리고 우리는 똑똑히 기억해야 한다. 이렇게 자신의 조직을 장악한 관료가 특정 권력에 굴복했을 때, 얼마만큼 예산과 정책 농단이 발생하는지 말이다. 그리고 무엇보다 그것의 문제가 바깥으로 드러나질 않고 심지어 해당 관료가 날아가는 와중에도 수많은 예산이 깊고 넓은 강처럼 장엄하게 살아 흘러가는지를 말이다. 이번 사태에서는 한 줌도 안 되는 일당이었음에도 능력 있는 관료가 굴복해버리니 이 엄청난 예산 농단 사태가 벌어지고 만 것이다. 그리고 아무 탈 없이 예산은 살아남고 말이다.

더 무섭게 다가오는 점은 이런 특정세력의 이권을 챙겨주는 예산들이 지금 이 순간에도 국회와 감사원, 공직감사실과 언론의 눈을 피해 숨죽여 흐르고 있다는 점이다. 김종 전 차관에 대해서 혹독하게 언급했던 것도 바로 이런 이유 때문이다. 학연, 지연, 권력관계 등으로 얽힌 주요 공직자들이 특정 권력이나 주변인의 이익에만 복무한다면, 나라의 곳간을 넘볼 수 있게 된다.

이제 K스포츠와 더블루K, 비덱스포츠가 사라진 마당에 무주공산이 되어버린 이 많은 체육예산사업의 주인은 누가 될까? 우리의 감시와 참여는 지금부터가 시작이다.

2017년 최순실 개입 의혹

체육예산사업 및 예산액 정리 (단위 : 백만 원)

최순실 사업	2015년 결산액	2016년 예산액	2016년 예산액(정
합계	54,637	126,618	151,949
K-스포츠클럽육성	8,750	13,000	13,000
국민체육진흥공단 스포츠가치센터	259	2,468	500
후보선수, 청소년, 꿈나무 동계종목 훈련 지원		320	320
국기태권도 시범단 운영 및 해외 파견		1,900	2,200
태권도 콘텐츠육성		1,000	2,073
온라인 플랫폼 조성			1,276
온라인 콘텐츠 구축			800
태권도 산업 고부가가치화			1,000
올림픽 관련 영상물 제작 지원			5,300
동계올림픽 국민체험지원			6,860
스포츠용품 기술개발을 위한 사업비(스케이트날 개발 / 대구스포츠산업테크노파크)			500
스포츠서비스 기술개발을 위한 사업비(가상현실)			1,425
R&D 거점육성을 위한 사업비	2,830	4,430	2,000
체조경기장 리모델링	1,500	23,000	23,745
스포츠산업 일반 융자	18,000	54,000	48,350
지역융복합 스포츠산업 기반 확충	3,298	4,500	10,600
스포츠산업 펀드조성	20,000	20,000	30,000
스포츠도시 육성		2,000	2,000

의혹

K스포츠클럽

각종체험시설 총사업비 460억원

동계스포츠영재센터(장시호)/ 토토 빙상단(이규혁)

K스포츠재단

K스포츠재단

K스포츠재단

K스포츠재단

K스포츠재단

차은택

가상체험/ 고든미디어 마해왕(최순실 카페 운영이사)

동계스포츠영재센터(장시호) / 토토 빙상단(이규혁) /
스포츠산업테크노파크 이중 지원/ 특정기업 지원

가상체험/ 고든미디어 마해왕(최순실 카페 운영이사)

vip 스포츠산업육성/ 스포츠산업진흥시설

최순실 '융복합 상설 공연장'

K스포츠재단, 더블루K, 스포츠산업협회

vip 스포츠산업육성/ 스포츠산업진흥시설

K스포츠재단/ K스포츠타운조성 및 운영 등

장시호/ 강릉시

미르재단의
'한국형 해외원조'
사업

등장인물

박근혜   대통령   장승호   최순실의 조카

최순실   비선 실세   전대주   전 베트남대사

차은택   전 창조경제추진단장   조희숙   전 미르재단 이사

최순실 관련 예산

2017년 최순실 개입 의혹 총예산액 : 866억 원

2016~2017년 최순실 개입 의혹 총 예산액 : 1,508억 원

코리아에이드 : 144억 원 / 새마을운동 세계화 : 60억 원

새마을운동 ODA : 799억 원 / KOPIA 시범마을조성 : 50억 원

국가이미지홍보 : 181억 원 / 태권도진흥 : 274억 원

ODA는 왜 도둑들의 표적이 되었는가?

대통령이 45억 원 정도를
해외 측근에게 챙겨주는 방법은?

2013년 박근혜 대통령이 베트남 해외 순방 중에 최순실 씨 조카 장승호 씨 등과 따로 만나 장 씨 사업에 정부 자금을 지원해주는 방안을 논의했다는 증언이 있다. 개발도상국 원조 자금인 ODA 방식으로 지원해주는 건데, 이 자리에 인사 특혜 의혹이 불거진 전대주 전 베트남 대사도 함께했다.

박근혜 대통령과 교민들의 만찬 자리에 최순실 씨 조카 장 모 씨가 참석했다. 박 대통령은 이 호텔서 교민 만찬을 가진 뒤 장 씨와 인사 특혜 의혹이 불거진 전대주 전 대사를 따로 불러 이야기를 나눴다.

박 대통령이 먼저 장 씨에게 무엇을 지원해주면 좋겠냐고 물었고, 장 씨는 로봇 교육사업 자금 명목으로 300만 달러, 35억 원 정도가 필요하다고 말했다고 한 변호사가 전했다. 지원 방식은 정부가 개발도상국에 자금을 지원해주는 제도인 ODA가 거론됐다.

ODA가 대통령이 해외에 살고 있는 측근 사람을 챙기는 쌈짓돈으로 쓰이고 있는 전형적인 사례다.

날이 갈수록 늘어나는 ODA 예산

대통령을 마음대로 조종할 수 있다면 어떻게 합법적이면서도 손쉽게 국가 예산을 내 호주머니로 옮길 수 있을까? 예산 도둑들에게 공적개발원조(ODA)는 제일 먹음직스러운 꿀단지일 수 있다. ODA는 형편이 어려운 나라에게 중앙정부와 지방정부가 경제개발과 복지 향상을 위해 지원하는 원조금을 말한다.

ODA는 우선 예산 규모가 대단히 크고 사업의 수가 대단히 많다. 2017년 국제개발협력종합시행계획(수정)에 의하면 1,307개 사업, 2조 7,506억 원이다.

그리고 급격히 증가하고 있고 앞으로도 더욱 늘어날 분야이다. 앞으로 ODA를 늘리자는 데에 반대하는 사람은 없기 때문이다. 2011년 1조 4,667억 원에 불과했지만 2016년에는 2조 4,394억 원으로 늘었다. 2015년 국민총소득(GNI) 대비 ODA 비율이 0.14%로 전체 OECD 개발원조위원회(DAC) 회원국 0.30%의 약 1/2 수준이고, 우리나라와 경제규모가 비슷한 호주(0.27%), 캐나다(0.28%)에 비해도 낮다.

무엇보다 ODA는 해외에서 돈을 받아 해외에서 쓰는 것이기 때문에 사업의 필요성을 검증하기가 쉽지 않다. 또한 예산 집행이 엄격하게 관리되지 않아 새로운 사업을 중간에 집어넣어 실행하기가 쉽다.

ODA는 어려운 나라의 국민들을 돕자는 좋은 의미로 쓰이는 돈이기 때문에 오히려 더욱 촘촘한 감시와 평가가 필요하다. 하지만 실상은 도둑들의 좋은 먹잇감이 되고 있다. 약간의 기획력만 있다면 ODA 돈을 끌어오는 것은 어렵지 않다.코리아에이드,

연도별 ODA 규모

(유·무상 비율) 기존 40.7 : 59.3 / 수정후 40.3 : 59.7

구분	2011	2012	2013	2014	2015	2016	2017
총ODA(십억원)	1,466.7	1,798.6	1,921.4	1,955.2	2,161.9	2,439.4	2,750.6
양자간원조	1,095.8	1,332.1	1,433.4	1,469.8	1,649.8	1,947.9	2,277.7
비중(%)	(74.7)	(74.1)	(74.6)	(75.2)	(76.3)	(79.9)	(82.8)
무상원조	636.7	804.9	885.5	930.5	1,016.0	1,054.2	1,360.5
비중(%)	(58.1)	(60.4)	(61.8)	(63.3)	(61.6)	(54.1)	(59.7)
유상원조	459.1	527.3	547.9	539.3	633.8	893.7	917.2
비중(%)	(41.9)	(39.6)	(38.2)	(36.7)	(38.4)	(45.9)	(40.3)
다자간원조	370.9	466.4	487.9	485.4	512.2	491.5	472.9
비중(%)	(25.3)	(25.9)	(25.4)	(24.8)	(23.7)	(20.1)	(17.2)

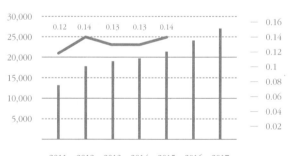

최순실 일당의 먹잇감이 되다

코리아에이드(Korea Aid) 사업은 최순실 일당이 어떻게 ODA를 통해 나랏돈을 챙겼는지 잘 보여준다.

한국형 원조로 번역될 수 있는 코리아에이드 사업은 원조 소외지역의 주민들을 직접 찾아가는 이동형 보건서비스를 제공하는 사업이다. 음식, 문화적 요소를 결합하여 취약계층의 건강을 증진하는 것을 목적으로 2017년도 예산안에는 총 143억 6,000만 원이 올라왔다.

2016년 5월 박근혜 대통령의 아프리카 순방을 앞두고 청와대 주도로 개최한 코리아에이드 TF회의에 미르재단 관계자가 7차례나 참석했다. 그는 사업 전반에 대해 자문하고, 동아프리카 3개국 순방을 위한 '정부합동사전조사단'에 동행했다. 코리아에이드 사업의 기획 단계에서부터 미르재단이 참여했던 것이다.

시범사업 예산 33억 원 중
최소 11억 원을 챙기다

2016년도에 코리아 에이드 시범사업을 에티오피아, 우간다, 케냐 지역에서 실시했다. 예산은 전략사업비를 사용했으며 33억 900만 원을 집행했다.

코리아에이드 핵심 사업 중 하나였던 보건 사업의 보건교육 영상물 제작은 차은택 감독이 실소유주로 알려진 '더플레이그라운드 커뮤니케이션'과 수의계약을 맺어 진행했다.

또한 플레이그라운드 커뮤니케이션즈는 '2016 케이에이드 (K-Aid) 아프리카 3개국 출범 및 문화교류행사'의 사업비로 국고보조금 11억 1,493만 원을 신청했다. 이는 아프리카 3국 순방 당시 기획된 태권도, 사물놀이, 비보잉, 대중음악 엔플라잉 협연 등의 행사 연출 사업비다.

이처럼 코리아에이드 사업은 정부의 공식 ODA 사업 주체와 관계없이 청와대 비선 실세 의혹을 받고 있는 미르재단, K스포츠재단, 차은택 감독이 개입하여 주도해온 사업이다.

태아 모습을 초음파 사진으로 제공하는 서비스가 ODA

청와대 비선 실세들이 추진한 코리아에이드 사업은 원조 효과성 등 ODA의 원칙과 규범에 부합하지 않을 뿐만 아니라 절차와 내용상으로도 졸속으로 이루어진 이벤트성 사업으로 평가할 수 있다. 이동검진으로 모자보건을 개선하겠다는 터무니없는 목표를 수립하거나, 주민들이 필요로 하는 의료서비스와는 무관한 일회성 사업을 추진하고 있다는 지적을 받고 있다. 예를 들어 소녀, 가임기 여성, 산모를 대상으로 한 보건 사업의 경우 초음파 기기를 통해 태아의 모습을 사진으로 제공하는 서비스를 진행하고 있다. 누가 보더라도 이것은 시급한 보건 원조사업이 아니다. 또한 말라리아, HIV 검사, 소녀들을 대상으로 진행하는 보건 교육 등은 이미 지역 보건소, 학교 등에서 진행하고 있는 사업으로 불필요한 중복사업이다. 월 1회 제공하는 이동식 의료 서비스보다는 현지 주민들이 일상적으로 이용하는 보건소 체계가 제대로 갖춰지도록 지원하는 것이 더 효과적인 지원이 될 수 있다.

푸드트럭을 이용해 비빔밥 등을 제공하는 이동형식품개발협력사업(K-Meal)은 현지 입맛에 맞지 않는다는 현지 사무소 요청이 있어 중단 및 변경하여 진행하고 있는 상황이다. 쌀 가공품(크래커, 파우더 등) 제공 역시 실패한 것으로 현지에서 확인되고 있다.

사업 시작하기도 전에 시제품 개발

코리아에이드 사업은 2016년 국제개발협력 종합시행계획에 없던 것으로 예산은 책정되지 않은 사업이었다. 대통령의 해외 순방 등 정상 외교 시 약속한 해외무상원조 계획을 실행하기 위해 2014년부터 별도로 편성한 외교부 전략사업비와 각 부처의 자체 예산으로 진행했다.

미르재단은 정부보다 앞서 아프리카에 제공할 쌀 가공제품을 추진하였으며 이를 코리아에이드 사업 중 하나인 K밀(K-Meal) 사업으로 추진했다. 2016년 국정감사에서 "미르

재단은 2015년 10월에 설립됐고 같은 해 11월 미르재단이
이화여대 산학협력단 소속 박 모 교수 등에게 개도국에 맞는
쌀 가공식품 전략과 시제품을 만들어달라고 요청했다"는 것
이 지적되었다. "신기하게도 한두 달 후 그다음 해에 농림부
가 K밀과 관련해 이대 팀과 시제품 용역계약을 체결했다".
이화여대는 최순실의 딸 정유라의 입학 특혜가 이루어졌던
대학이다.

농식품부 소비자 체험 예산에서
ODA 사업비 집행

음식 사업인 K-Meal 사업 시행은 농림축산식품부에서 담당
했다. K-Meal 사업에 대한 ODA 예산이 책정되어 있지 않
아 농식품부는 '수출농식품 홍보사업'의 세부내역 사업인 '소
비자체험 예산'으로 사업 진행했다. 소비자체험은 해외 무상
원조와 관련이 없어 예산 목적 외 사용이라는 지적이 있었다.
농식품부는 "현지 소비자 대상으로 한국 쌀과 가공식품 및
한식 등을 소개"하는 사업으로 예산 목적에 맞는 사업이라고
강변했다. 농식품부는 ODA를 빙자해 아프리카에 한국 쌀을
팔기 위한 마케팅을 했다고 천연덕스럽게 고백하고 있다.

사업 목적과 전혀 다른 예산을 사용

'소비자 체험예산'이 다 사용되자 정부는 한국농수산식품유
통공사(aT)를 통해 '샘플통관 운송비지원사업' 예산을 사용했

다. 미르재단이 이화여대와 개발한 쌀 가공 제품을 이 예산으로 구입해 3개국에 배포했다. 샘플 통관 운송비 지원사업은 농식품 수출 업체의 수출을 지원하기 위해 샘플 제공 및 시험 수출에 소요되는 운송·통관비를 지원하는 사업이다. 본격적 수출하기 전 수입국의 검역이나 표시 규정 등에 수출 제품이 적합한 지를 테스트를 위한 것으로 업체당 지원 한도는 1,000만 원 이내이며 회당 지원 샘플물량도 50kg들이 10박스 이내이다. 하샘플통관 운송비 지원 사업을 통한 K-Meal 사업 지원금액은 현재까지 1억 2,000만 원에 이르며, 그 물량도 이를 훨씬 초과했다.

코리아에이드, 결국 국회에서 삭감

국무조정실 산하 국제개발협력위원회는 코리아에이드 사업을 대폭 확대하는 내용을 추가한 「17년 국제개발협력 종합시행계획」 수정안을 서면심의해 통과시켰다. 졸속정책으로 우려와 비판을 받았던 코리아에이드 사업을 축소, 폐기하기는 것이 아니라 오히려 라오스, 탄자니아, 캄보디아 3개국을 확대하고 추가로 예산을 확대 편성했다. 2017년도 예산안에는 총 143억 6,000만 원이 편성되었다. 아프리카 4개 국가에

국가별 코리아 에이드 사업 예산액

국가	에티오피아	우간다	케냐	탄자니아	라오스	캄보디아	합계
예산	21.35	21.36	21.35	26.5	26.5	26.5	143.6

90억 5,600만 원, 아시아 2개 국가에 53억 원을 올렸다.

국회 외교통일위원회의 2017년 예산안 예비심사에서 코리아에이드 사업은 42억 원 감액되었다. 외교통일위원회는 현지 도로 사정 등 이동형 서비스에 필요한 인프라가 부족하고, 이동형으로 제공할 수 있는 서비스도 제한적이라는 점, 일회성 행사로 수원국과의 직접적인 네트워크 구축 등으로 사업의 성과를 높일 수 있는 구체적인 방안에 대한 검토가 필요하는 점 등을 지적했다.

국회 예산정책처는 더욱 신랄하게 코리아에이드사업의 문제점을 지적했다. 우선 코리아에이드 사업은 한국국제협력단의 내부 지침인 「개발조사 및 프로젝트형사업 시행세부지침」상 절차를 준수하지 않고 타당성 조사 및 사업 심사위원회 심사 등이 완료되지 않았음에도 불구하고 예산을 편성했다.

「개발조사 및 프로젝트형사업 시행세부지침」에 따르면, 다음 연도 사업 계획에 반영할 신규 개발사업 선정을 위해서는 1. 사업발굴 및 공식사업요청서 접수 2. 사업 타당성 조사 3. 사업심사위원회의 심사의 절차를 순서대로 진행해야 한다. 그러나 2017년도에 신규로 추가되는 탄자니아·캄보디아·라오스의 경우 사업 타당성 조사와 사업심사위원회 심사가 수행되기 이전에 2017년도 사업으로 선정되어 예산안에 편성되었다.

코리아에이드 사업은 제27차 국제개발협력위원회의 '2017년 국제개발협력 종합시행계획 수정(2016. 8. 30.)'에서 신규 사업으로 의결되었는데, 사업 수행 주체인 한국국제협력단은 기본적인 사업 선정 절차인 사업 타당성 조사 및 사업 심사위원회 심의 등을 거친 후 국제개발협력위원회에 시행계획안을 제출해야 한다.

공적개발원조에 대한 신뢰성을 유지하기 위해서는 지침에 따라 사업을 선정하고 수행하여야 함에도 불구하고, 코리아에이드 신규 사업은 이러한 절차를 준수하지 않고 사업으로 선정되었다.

그리고 2016년에 수행한 에티오피아, 우간다, 케냐에서의 시범사업에 대한 평가가 완료되지 않은 시점에서 사업을 확대하였다. 2017년도에 사업을 확대하고자 한다면 시범사업에 대한 면밀한 평가를 사전적으로 완료할 필요가 있다. 그러나 현재까지 내부 직원 중심으로 점검 및 개선사항을 도출하였을 뿐 시범사업에 대한 객관적인 평가는 진행된 바 없다.

새마을운동 세계화에도 뻗친 손길

새마을 운동 세계화 사업은 베트남, 캄보디아, 필리핀, 미얀마, 에디오피아, 르완다 등 동남아, 아프리카 국가에 농촌 공동체 개발사업 명목의 ODA 사업이다. 외교부는 2016년

402억 6,800만 원, 2017년 396억 2,300만 원의 예산을 편성했다.

이와는 별도로 행자부에서는 2016년 25억 원, 2017년 35억 원의 예산을 편성해 새마을운동 ODA 사업을 펼치고 있다. 조희숙 미르재단 초창기 이사가 새마을운동 공적개발원조(ODA)사업을 총괄하는 '새마을분과위' 위원으로 참여한 바 있다. 조희숙 이사를 추천한 사람은 이성한 전 미르재단 사무총장이다.

KOPIA(농촌진흥청 산하 해외농업기술센터)시범마을 조성사업은 농촌진흥청이 근면, 자조, 협동 등의 새마을 정신을 해외 농촌에 전파하는 사업이다. 2016년, 2017년 모두 25억 원이 편성되었다.

정신개조 강요하는 식민주의적 발상

각 국가의 문화적, 사회적 특성에 대한 존중 없이 근면, 자조, 협동을 내세워 정신개조를 요구하는 것은 식민주의적 발상으로 새마을운동 ODA 사업은 개도국의 현지 문화와 전통에 대한 충분한 이해 없이 진행하고 있는 사업이다.

제대로 된 평가나 검증 없이
새마을운동 사업 확대

1970년대 한국 농촌과 세계화를 겪고 있는 2016년 개도국의 농촌은 당시 한국보다 훨씬 빠르게 고령화, 부녀화 현상을 맞고 있다. 1970년대 한국의 새마을운동을 표준화하여 적용하기엔 무리인 사업이다.

2009년 라오스, 르완다, 미얀마를 시범국가로 지정하여 사업을 실시하였으나 이에 대한 평가나 검증 없이 무분별하게 사업을 확대하여 진행하고 있다. 미얀마의 경우 시범마을 3개 마을에서 2014년부터 100개 마을로 급격히 증가한 상황이다. 새마을 ODA가 빈곤 퇴치와 사회개발에 어떤 영향을 미쳤는지에 대한 평가는 이뤄지지 않고 있다.

지속 가능성 없는 새마을운동 사업

현재 진행되고 있는 새마을운동 ODA 사업은 인프라 중심의 사업으로 사업을 추진하는 새마을 봉사단의 전문성 부족 문제가 지속적으로 제기되어 왔다. 또한 현지에서 진행되고 있는 새마을 사업이 새마을 봉사단이나 새마을 리더와 같은 파견 활동가들에 의해 좌지우지되고 있는 실정이다.

제3부

예산 도둑,
막을 수 있는 5가지
방법

도둑을 막으려면 어떤 제도 개선이 필요할까

범인을 잡는 것만이 능사가 아니다.

〈히든〉이라는 미카엘 하네케 감독의 범죄 스릴러 영화가 있다. 범죄 스릴러 영화가 늘 그렇듯 누가 범인인지 밝혀내는 과정이 영화 스토리다. 지성미 넘치는 TV 문학 프로그램 진행자인 주인공(다니엘 오떼유 役)은 용의자를 끈질기게 추적한다. 범인은 누구였을까? 보통 범죄 스릴러 영화는 범인이 밝혀지면서 끝나게 된다. 여기에 반전은 필수다. 그런데 이 영화는 아주 큰 반전이 있다. 범인이 밝혀지지 않고 끝난다.

사실 이 영화는 범인이 누구인지가 중요하지 않다. 범인을 추적하면서 서서히 드러나는 것은 범인이 아니다. 대신 범인과 주인공을 둘러싼 세상의 이면이 천천히 드러난다. 지성미 넘치는 주인공은 사실 불안정하고 괴팍한 사람이었음이 드러난다. 잊고 지냈던, 아니 무시해왔던 과거의 기억이 드러난다. 주인공 주변의 아버지, 부인(쥴리엣 비노쉬 役)과의 관계 등의 새로운 모습이 드러난다. 결국, 범인을 잡는 것보다 범인을 잡는 과정에서 깨닫게 되는 현실 구조가 더 중요하다.

'최순실과 예산 도둑들'을 준비하면서 비슷한 경험을 하게 되었다. 처음에는 범인이 누구인지에만 집중했다. 최순실, 차은택, 김종 등 누가 예산 도둑인지 다 밝혀서 범인을 잡고 처벌하면 예산도둑들은 없어지지 않을까 기대도 했다. 그러나 범인 몇 명이 중요한 것이 아니다. 법체계만 보면 나름 합리적이고 완벽할 것 같은 예산 체계가 얼마나 불안정한지 드러난다. 잊고 지냈던, 아니 무시해왔던 취약한 부분이 드러난다. 결국, 범인 40명을 잡는 것보다 예산 편성, 심의, 집행, 결산 과정에서 나타난 취약한 부분을 구조적으로 고치는 것이 더 중요하다. 최순실 일당 개개인을 악마 화하고 개인적 책임을 돌리는 것만으로는 이러한 국정 농단을 근본적으로 막을 수는 없기 때문이다.

예산 도둑들은 어디서 생길까

햇빛이 비치지 않고 환기가 안 되는 곳에 병균이 꼬인다. 예산 도둑들도 마찬가지다. 예산의 투명성이 저해되면 도둑이 생긴다. 이해하기 힘든 법률 용어로 채워진 법률, 어려운 행정용어와 복잡한 숫자로 구성된 예산서. 이들은 이 나라 권력자들에게 국민의 감시로부터의 무한한 자유를 선사하고 있다. 400조 원의 나랏돈이 굴러가는 이 대형 시스템을 촘촘하게 이어 주는 각종 법률과 예산은 권력자들조차 길을 헤매게 만드는 수준에 이르렀다. 바로 이 끝도 모를 400조 원의 숲 속에서 온갖 국정을 농락한 최순실 일당은 잉태됐다. 상황이 이러니 국민이 무서울 리 없다. 이 큰 밥그릇에 숟가락을 댈 수 있는 소수의 권력자. 정권, 관료, 재벌, 국회, 사정 기관들은 서로의 특권을 인정한다. 알아서 나랏돈 뽑아 먹는 것을 방관하거나 때로는 협조한다.

최순실이 한 해 1조 원이 넘는 예산을 쓸 때도 청와대는 자정 능력 없이 청와대 정문까지 프리패스로 열어주었다. 국회의원은 더 많은 예산을 자기 지역으로 더 가져가려고 밀실에서 단합하기도 했다. 사정 기관은 청와대에 입성한 검찰 선배에 주눅 들어 두 손을 모았고, 관료들은 나랏돈이 비선 실세로 흘러들어 가는 것을 적극적으로 협조하거나 방관했다. 이들에게 지상과제는 승진과 출세일 뿐이다. 그도 그럴 것이 인사권자 측근의 한 마디는 가깝고 국민의 심판은 멀다.

정부부처 하나가 최순실 일당의 놀이터가 되었고, 1조 원 가까이 되는 돈이 그들을 위한 구체적인 예산사업으로 빠르게 정리되었다. 국회도, 기재부도, 문체부 관료도, 청와대도, 사정 기관도, 누구도 이 과정에 브레이크를 걸지 못했다. 몇몇 언론이 사운을 걸고 사자의 다리 한쪽을 부러뜨리기 전까지 말이다. 물론 절룩이는 사자를 덮치는 이들은 많았다.

도처에 있는 '깨진 유리창'을 고치자.

범죄학자인 제임스 윌슨(J. Wilson)이 발표한 '깨진 유리창 이론'이 있다. 깨진 유리창 하나를 방치해 두는 정도의 작은 무질서가 커다란 범죄로 확산된다는 이론이다. 그런데 우리나라에는 도처에 깨진 유리창이 널려있다. 최순실 일당이 훔치려고 마음먹으면 훔칠 수 있는 물건이 도처에 널려있다. 아니, 멀쩡한 사람도 깨진 유리창을 보면 나도 모르게 물건을 훔치고 싶어지게 만드는 깨진 유리창이 너무 많다.

깨진 유리창은 국회에도, 사정 기관에도 관료사회에도 널려 있다. 재벌은 물론 전문가나 지식인 집단에도 깨진 유리창이 많다. 우리에게도 깨진 유리창이 있는지도 반성해야 한다. 이제는 깨진 유리창을 하나하나 확인해서 손을 봐야 하고 함부로 깰 생각도 못 하도록 예방과 감시, 처벌 시스템을 제도적으로 안착시켜야 한다.

국회에 있는
'깨진 유리창'
없애기 :

국회를 개혁하여
제2의 최순실 없애는
방법

예산심의 기능
실질적으로 행사하지 못하는 국회

우리나라에서 가장 신뢰받지 못하고 욕을 많이 먹는 집단은 단연코 국회다. 그런데 생각해보면 이상한 일이다. 우리나라 모든 분야에서 가장 뛰어난 사람 몇 명만 달수 있는 것이 금배지다. 국회에 오기 전에는 다들 능력 있는 법조인, 양심 있는 학자, 뛰어난 기업인, 일 잘하는 관료들이었다. 그런데 이렇게 각 분야에서 두각을 나타낸 사람들이 금배지만 달면 왜 이렇게 될까? 국회의원 모두가 사리사욕을 채우거나 줄 서기에만 열중해서 그럴까? 물론 그런 양심 없는 국회의원들도 있지만, 개개인들을 만나보면 양심 있고 성실한 데다 능력까지 출중한 사람도 의외로 많이 있다. 그렇다면 무언가 잘못된 시스템 때문에 국회의원이 능력을 발휘하지 못하는 측면이 있지 않을까?

실제로 현재는 국회의 예산심의 기능이 매우 부족하다. 정부가 편성한 예산안의 1%만 국회에서 변경되는 실정이다. 국회 내의 예산을 다루는 상임위인 예산결산특별위원회는(예결위) 1년간 유지되는 특별위원회 형태로 운영되고 있다. 반면, 특정 연도의 예산 사이클은 예산편성-집행-결산으로 3년이 필요하다.

즉, 3년의 사이클을 지닌 예산을 심의, 심사하는 국회 예결위는 매년 교체된다는 의미다. 특정 연도의 예산과 결산을 연계하여 심의하거나 심사하는 것은 물리적으로 불가능하다. 그 결과 매년 국회에서 지적되는 문제가 개선되지 않고 매년 반복해서 나타난다.

국회의 예산심의 기능을 강화하고자 한다면 3년간의 예산 사이클을 추적하여 그 책임성을 강화할 수 있는 다양한 방식들을 모색해야 한다. 예를 들어 예결위 옴부즈맨제도 도입, 예결위 상설화, 예결위 임기 연장 등 다양한 방식들을 모색해야 한다.

국회 구조를 개혁하여서 일 잘하는 국회를 만드는 것이 단순히 국회의원에 욕하고 화풀이를 하는 것보다 생산적인 일이다. 이에 국회가 최순실 일당 같은 예산 도둑을 효과적으로 잡을 수 있는 제도개혁과제를 제안해 본다.

1 　　　국회 예결위 옴부즈맨제도 도입

옴부즈맨제도라는 것이 있다. 행정관료의 불법행위나 부당한 행정처분으로 피해를 받은 시민의 기본권을 보호하는 민원조사관을 뜻한다. 우리나라도 현재 국민권익위원회 형태로 옴부즈맨제도가 도입되어 운영되고 있다. 그런데 국민권익위원회는 행정부 소속(국무총리 산하)으로 되어있다. 논리적으로 행정부의 민원을 받고 민원조사를 주 업무로 하는 옴부즈맨이 행정부 소속으로 존재하면 그 한계가 명확하다.

실제로 외국 사례를 보면 대부분 국가는 의회 소속으로 운영되고 있다. 우리나라도 현재 국민권익위원회 형태의 옴부즈맨제도와 별개로 의회 소속의 옴부즈맨제도를 도입해야 할 필요성이 있다. 의회 소속의 옴부즈맨제도를 도입한다면 예결위가 가진 특수성에 따라 예결위 산하의 옴부즈맨제도를 가 가장 적합해 보인다. 국회 예결위 소속 옴부즈맨 제도 도입은 다음과 같은 장점이 있다.

첫째,
예산 관련 국회의 민원을 투명화할 수 있다.

국회 예결위 소속 옴부즈맨을 신설하면 예산 관련 다양한 민원을 통합하여 처리할 수 있다. 규제 등 행정 관련 민원은 기존의 국무총리 산하의 국민권익위원회가 담당하고 예산 관련 민원은 국회 예결위 소속 옴부즈맨이 처리하게 되는 구조다.

국가의 예산사업은 우리 삶에 직간접적으로 영향을 지친다. 관련된 다양한 이해관계자가 존재할 수밖에 없다. 이해관계자, 협회, 시민단체, 전문가 등의 민원인이 예산심의권을 가진 국회에 자신의 의견을 적극적으로 제출하여야 한다. 이렇게 국민의 참여를 높이는 것은 행정부 감시, 국민의 민원 해결, 국회의 예산심의권 강화라는 세 마리 토끼를 잡을 방법이다.

그런데 현재는 국민이 예산 관련 민원이 있어도 각 지역구 국회의원에 접수하는 것 말고는 방법이 없다. 국회의원에 민원을 접수하더라도 국회의원 개개인의 능력, 정당, 의지에 따라 다양한 편차가 존재할 수밖에 없다. 이에 예결위 소속 옴부즈맨이 통합 관리하여 예결위에 보고하고 의결을 받는 제도가 필요하다.

또한, 예산 투명화 법 제정(후술할 예정)에 따라 행정부의 예산 편성 과정에서의 각종 민원을 투명하게 처리하는 방식을 제안하였다. 그에 상응하는 조치로 입법부의 민원을 투명하게 처리하는 방법도 고려해야 한다. 그러나 행정적으로도, 정치적으로도 300명의 국회의원실을 통한 민원을 투명하게 공개하는 것을 강제하기는 어렵다. 그런 의미에서 예결위 소속 옴부즈맨을 설치하면 행정부의 예산 투명화법과 마찬가지로 투명성을 담보할 수 있다.

둘째,
예산 사이클과 예결위 사이클의 불일치에 따른
문제점을 해결

앞서 1년의 임기를 지닌 예결위원이 3년의 예산 사이클을 책임성 있게 심사하기 어렵다는 말을 하였다. 그렇다고 3년 이상의 임기를 지닌 예결위를 신설하기에는 현실적으로 쉽지 않다. 예결위는 대부분의 국회의원이 원하는 상임위다. 4년의 임기를 지닌 국회의원 중 특정 국회의원만 3년 이상 예결위를 전담한다면 사실상 상원 역할을 하게 될 것이다. 마찬가지로 현재 특별위원회 형식으로 타 상임위와 겸임하는 상임위를 전담하는 일반 상임위로 바꾸기도 쉽지 않다.

이러한 문제를 현실적으로 해결할 수 있는 방식이 예결위 소속 옴부즈맨 제도를 신설하는 것이다. 예결위의 의결에 따라 예결위원들의 권한을 위임하는 예결위 소속 전문 옴부즈맨을 통해 지속적이고 전문적인 국회 예산심의 기능을 강화할 수 있다.

셋째,
행정부의 예산 집행 과정 문제점 파악 가능

현재는 국회가 행정부의 잘못된 예산 집행 사실을 발견했다 하더라도 예결위 차원의 조사는 불가능하다. 예결위가 할 수 있는 일은 정치적 문제로 만드는 것과 감사원에 감사청구를 요청하는 것 정도에 지나지 않는다.

그러나 예결위의 의결을 통해 특정 사안별로 제한적으로 예결위 옴부즈맨에 민원 조사권은 물론 직권조사권을 줄 수 있는 옴부즈맨제도를 신설한다면 국회의 예산 심의 및 심사권을 강화할 수 있다. 실제로 뉴질랜드, 독일, 스웨덴 등의 옴부즈맨은 직권조사권을 가지고 있다.

넷째,
예결위의 전문성을 강화 가능

방대한 예산 자료를 분석하고 문제점을 지적하기 위해서는 높은 수준의 전문성이 필요하다. 전문성을 지닌 예결위 소속 옴부즈맨 제도를 통해 예결위원의 전문성을 보완할 수 있다.

2   예산 법률 주의

세입예산을 정하는 세법은 엄격한 조세법률주의를 따르고 있다. 반면 세출예산은 법률과 별도의 예산안 형태로 국회의 심의를 받는다. 예산이 법이 아닌 이상 국회가 확정한 예산을 정부가 위배되는 지출을 해도 위법이 될 수 없다.

또한, 예산서는 사업의 명칭과 금액만 명시된 통계표 형식이기에 특정 사업의 지출방법을 규정하는 것이 원천적으로 불가능하다. 국회는 특정 예산사업의 지출방법을 규정할 필요가 생겨도 부대 의견 형식의 의견을 다는 것으로 그친다. 법적 근거가 없는 부대 의견을 이행하지 않았을 때, 그 책임소재가 명확하지 않다. 해결 절차나 기준조차 없는 실정이다.

물론 예산 법률 주의의 단점도 있다. 예산이 경직적으로 운용될 수도 있다. 특히, 1년 단위의 한시적인 예산안이 지나치게 복잡한 형식과 절차를 거치게 될 수도 있다.

결국, 예산 법률 주의가 가진 단점을 극복하고 장점을 살릴 수 있는 효과적인 예산 법률 주의가 될 방안을 모색해서 예산의 책임성을 강화할 필요가 있다.

재정성과관리제도는 예산사업의 성과목표를 성과 지표화하여 그 평가를 이후 예산심의에 반영하고자 하는 제도다. 그러나 이는 형식적으로만 운영되고 있다. 성과지표방식 자체가 피상적이고 일률적인 방식으로 진행되고 있으며 목표치 미달성 또는 초과 달성의 원인분석이 제대로 이루어지지 않고 있다.

특히, 재정성과관리제도는 다음 연도 예산 반영에 반영하여 예산을 환류할 수 있어야 실효성을 확보한다. 그러나 성과정보의 신뢰성이 떨어져서 관심을 가지고 적극적으로 다음 연도 예산안에 반영시키고자 하는 노력이 적다. 또한, 전년도 성과보고서 검사결과 시간과 당해 연도 성과계획서 작성 시점이 엇갈린다. 결국, 현행 제도는 성과평가가 다음 연도에 바로 반영되기에 어려움이 많다.

성과지표, 목표치 설정의 현실성과 전문성을 높여 예산이 적절하게 환류될 수 있는 피드백 시스템을 마련할 필요가 있다.

사정기관의 '깨진 유리창' 없애기 :

사정기관을 강화하여 제2의 최순실 없애는 방법

사정기관의 엄정한 자기 역할 필요

최순실 일당이 안심하고 활개를 치고 다닐 수 있었던 이유 중의 하나가 내부의 상호 감시와 견제 기능이 현저히 떨어져 있기 때문이다. 모든 부정은 서로 눈감아주기에서 출발한다. 그래서 예산 집행에 있어서 무엇보다 필요한 것은 엄격한 규율을 감시할 수 있는 시스템이다. 지금 이 시스템이 무너져 있다는 것이 무엇보다 심각하다.

여명숙 게임물관리위원회 위원장이 문화창조융합본부장 시절에 겪은 수모와 좌절은 그 실태를 여실히 보여준다. 여 위원장은 2016년 4월 8일 차은택 씨의 뒤를 이어 미래부 문화창조융합본부장으로 취임했다가 두 달이 채 안 된 5월 30일 사임했다.

그는 문화창조융합벨트 사업을 합법적이고 적절한 시스템인 것처럼 가장해 국고가 새나가게 하고, 그것을 방조하는 것을 합리화한 게 문제라고 평가했다. 여 위원장은 "정점이 어딘지는 모르겠지만 제게 주어진 영수증과 각종 사업 계획서, 부실한 행정절차를 검토한 결과 차은택, 김종덕, 송성각, 창조경제융합벨트 간부들, 청와대 수석들이 한 팀으로 움직였다고 생각한다"고 했다. 그는 융합벨트 측에 내부 영수증을 달라고 했지만, 책임자인 자신에게 '그건 볼 권한이 없다'며 거절당했다. 그는 이런 문제에 대해 내부 직원들과 공유

했고 장관에게도 여러 차례 보고했지만 문제는 개선이 안 됐다. 문화창조융합본부의 부조리에 대해 김종덕 당시 문화체육관광부 장관에게 조치를 건의했지만, 김 장관은 "차은택은 내가 오래전부터 같이 있었던 수십 년 된 제자라 버릴 수 없다"고 말하며 반대했다. 그는 청와대 민정수석실이나 감사원, 국가정보원 등에도 보고하려다, 결국 불안하고 무서워 국정원 정보관(IO)에게 말했다. 하지만 그 국정원의 문화소통관은 원칙 행정을 하다가 좌천되었다. 아프리카 내전 지역으로 발령된 것이다.

2014년에 이른바 '정윤회 문건'이 나왔을 때 청와대는 비선 실세의 전횡과 비리를 조사하지 않고, 문건 유출자 색출에 열을 올렸다. 만시지탄이지만 그 당시 철저한 조사와 조치가 이루어졌다면 지금의 최순실 사태는 막을 수 있었을지도 모른다. 하지만 청와대의 사정 기능은 정지되어 있었다.

검찰, 감사원을 비롯한 사정 기관이 행정 내부의 부정과 비리를 엄정히 조사하고 조치할 수 있다는 믿음을 줄 수 없다면 행정의 기강은 설 수 없다. 눈앞의 힘 앞에 굴복할 수밖에 없다.

여명숙 위원장의 사례를 거울삼아 내부고발자를 보호하고 독립된 사정 기관의 엄정한 조사가 이루어질 수 있는 역할 정립이 필요하다.

관료행정의 '깨진 유리창' 없애기 :

관료행정을 개혁하여 제2의 최순실 없애는 방법

예산 투명성 강화는 모든 해결책의 시작

투명성이 없는 예산은 '눈먼 돈 쓰기 권하는 사회'를 만든다. 현금이 쌓여있는 밀폐된 장소에 혼자 들어가 있다고 생각해 보자. 얼마를 어디서 가져갔는지 알 수 없다면 현금을 챙기고 싶은 유혹은 떨치기 어렵다. 우선 돈이 쌓인 장소를 공개하는 것이 필요하다. 그리고 가져간 돈에 꼬리표를 다는 것도 필요하다. 길에 현금이 떨어져 있으면 유용하기 쉬워도 수표가 떨어져 있으면 돌려주게 되는 것과 유사하다. 관료행정의 투명성을 높일 수 있는 구체적인 방식들은 다음과 같다.

1   예산 투명화 법 제정

예산이라는 단어를 들으면 으레 국회가 떠오른다. 학교에서는 법과 예산을 만드는 것은 입법부인 국회의 권한이고, 법과 예산의 집행은 행정부의 권한이라고 배운 것 같다. 그러나 예산에 대한 국회의 권한은 대단히 협소하다. 실제 예산안을 작성(예산편성)하는 곳은 국회가 아니라 정부 각 부처다. 각 부처가 예산안을 작성하면 기획재정부가 통합하여 정부안을 만든다. 국회가 하는 일은 정부가 만든 예산안을 심의하여 통과시키는 일이다.

그런데 국회의 예산안 심의 과정은 생각만큼 중요하지 않다. 실제 정부가 국회에 제출한 예산안이 국회에서 변동되는 비율은 약 1% 정도에 지나지 않는다. 국회는 정부의 동의 없이는 예산 각항의 금액을 증액시킬 수조차 없다. 헌법에 그렇게 규정되어 있다.

그래서 이익집단이 국가의 예산사업을 통해 이익을 얻고자 한다면 국회를 통하는 것보단 정부를 통하는 것이 더 중요하다. 개인적으로도 수년간의 국회 보좌관 생활 동안 예산 관련 다양한 민원인(각종 협회, 시민단체, 이해관계자 등)을 만났다. 합리적인 이유에서 특정 예산의 증액을 바라는 민원인도 있고 그렇지 않은 경우도 있다. 다만 대기업이나 재벌기업의 민원인은 거의 만난 적이 없다. 재벌기업은 행정부의 예산 편성 과정에서 자신의 입장을 어필하는 것이 낫다고 생각하기 때문에 국회를 통할 필요가 없다.

그럼 정부부처는 다양한 민원인을 어떻게 만나고 커뮤니케이션을 할까? 정부도 국민의 생활에 직간접적으로 영향을 미치는 각종 다양한 예산 사업을 이해당사자와 소통 없이 작성할 수는 없다. 탁상공론에 그칠 수 있기 때문이다. 그러나 놀랍게도 민원인을 만나서 설명을 듣고 의견을 주고받을 수 있는 절차를 규정한 법 규정은 전혀 없다. '협치' 시대에 협치 절차와 방법을 담은 법 규정이 없다는 의미다.

민원인과의 만남을 투명하게 해야 하는 이유는 금품 수수 등 부패 대응 차원만이 아니다. 이해당사자들 사이의 정치적, 사회적 불균형도를 나타내고 개선할 수 있는 좋은 수단이다.

예산 투명화 법은 정부 각 예산사업 담당자가 민원인과의 소통 내역을 기록하고 예산서에 남기는 것을 강제하는 법안이다. 각종 이해관계자, 협회, 시민단체와의 간담회, 서면 및 구두 소통 내역을 기록하고 이를 통합적으로 공개한다. 만일 민원인과 의견을 주고받은 사실을 기록하지 않으면 이를 처벌한다. 이를 통해 어떤 집단의 의견이 국가예산사업에 반영되었는지 정확하게 추적하여 제2의 최순실을 막고 사회적 불균형도를 개선할 수 있다.

2 예결산 통합 데이터베이스 마련

국회가 예산안을 심의하여 확정하면 정부가 이를 집행한다. 정부가 예산을 올바르게 집행했는지는 결산을 통해 드러나게 된다. 정부는 물론 예산서와 결산서는 모두 공개하고 있다. 그런데 정부 예산과 결산이 해당 사업별로 통합되어 연계되어 있지 않다. 예산과 결산이 연계되지 않아 통계적 사업평가가 어렵다.

우리나라의 예산, 결산 정보의 공개 정도는 생각보다는 나쁘지 않다. 다만 방대한 자료가 통합적으로 정보화 되지않고 파편화되어 공개된다. 체계적으로 분류되고 통합적으로 관리되지 않은 파편화된 자료는 정보로서의 이용 가치가 대단히 떨어진다.

통합적으로 관리되어야 할 예산 정보 중 가장 시급한 것이 바로 예산 자료와 결산자료를 연계하여 공개하는 것이다.

3 보조금 수혜자 통합적 공개

투명성 강화는 단순히 자료를 공개하는 것에 그치지 않는다. 자료를 효과적이고 통합적으로 공개하여 각종 자료가 지닌 정보성을 취득해야 투명성이 강화된다. 현재 매년 지출되는 보조금 액수는 60조 원이 넘는다. 보조금의 사용 내용은 물론 공개가 되고 있다. 그러나 각종 보조금의 전체 수혜자가 통합적으로 데이터베이스화되어 공개되지는 않고 있다. 중앙정부 예산, 기금, 자치단체 보조금 수혜자 데이터베이스가 통합적으로 공개되어야 한다.

4 세부사업 수준의 통합적 공개

우리나라 예산분류 단계는 현재 분야, 부문, 프로그램, 단위사업, 세부사업으로 나누어서 관리되고 있다. 그런데 정부는 단위사업 수준까지만 통합적으로 공개한다. 세부사업은 제외되어 있다는 의미다. 그러나 실제 정부의 예산안 편성과 국회에서 심의되는 예산안 및 결산안은 단위사업이 아니라 세부사업 기준으로 이루어져 있다.

정부 예산안은 세부사업 기준으로 이루어져서 국회의 심의와 심사를 받지만, 통합적으로 공개하는 범위는 세부사업이 아닌 단위사업으로 되어 있다. 세부사업 기준으로 이루어진 국회의 심의와 심사가 어떻게 반영되고 어떻게 집행되는지 통합적으로 확인하기가 대단히 어렵다.

통합적 공개 예산의 범위를 현행 단위사업이 아닌 세부사업 (중장기적으로는 세세부사업)까지 넓혀야 한다.

5   성질별, 기능별 분류 통합적 공개

예산안은 성질별 기준에 따라 분류하기도 하고 기능별 기준에 따라 분류하기도 한다. 예를 들어 '지역아동센터 지원'이라는 예산사업을 기능별로 분류한다면 사회복지 분야의 취약계층 지원 부문에 속한 사업에 속하게 된다. 반면, 이를 성질별 기준에 따라 분류한다면 여비, 업무추진비, 보조금, 연구용역비 등으로 나누어지게 된다.

그런데 현재는 각각의 예산 사업별로는 성질별 분류와 기능별 분류가 공개되고 있으나 이 둘이 통합적으로는 공개되고 있지 않다. 성질별, 기능별 분류가 통합적으로 공개되어야 실제 예산이 적절하게 사용되었는지 알 수 있다.

6   예산 작성 기준 변경 시 소급 적용

예산이 가진 중요성에 비해 국민의 관심은 항상 부족하다. 그 이유는 예산 자료가 워낙 방대하고 복잡하기 때문이다. 그래서 통일된 기준을 통해 통일된 형식으로 공개되어야 정보로서 가치를 지닐 수 있게 된다. 그런데 예산 분류 기준이 부처마다 매년 변동되어 예산의 변화 추이를 분석하기가 대단히 어렵다.

예산 통계에서 어떤 특정 사업의 예산액이 작년보다 급격히 늘거나 감소했다고 실제 사업 규모의 증감을 뜻하지는 않는다. 단지, 특정 항목에서 진행되었던 세부사업이 올해부터는 다른 항목으로 변경되어서 동일하게 진행되는 일이 많다. 또한, 어떤 사업의 연구용역비가 급감하고 보조금이 급증했다는 통계도 실제로는 인건비 증가와 보조금 급증을 의미하지 않을 수 있다. 다만 분류체계가 변해서 과거에는 연구용역비로 분류되었던 항목이 올해부터 보조금으로 분류되고 있을 뿐이다. 이 또한 부처마다 분류 기준과 방법이 제각각 달라서 비교하기조차 어렵다.

예산 편성 과정에서 분류 기준을 합리적으로 개선할 수도 있다. 또한, 조직과 부서를 개편해서 동일한 사업을 다른 부서에서 진행하게 되는 일도 많다. 다만, 이렇게 예산 작성 기준이 변경되었을 때는 반드시 새로운 분류 기준을 사용해서 과거의 예산 자료를 소급해서 변경해야 기간별 비교 가능성이 증대된다. 회계 기준이 변동되었을 때, 과거의 회계자료를 소급해서 적용하여 공개하는 것은 일반 사기업에서는 매우 상식적이다. 400조 원의 국민의 돈을 다루는 국가 회계 시스템이 아직 이러한 통계의 기본조차 마련되지 않고 있다는 것은 놀라울 정도다.

재벌의 '깨진 유리창' 없애기 :

재벌을 개혁하여 제2의 최순실 없애는 방법

장정 셋의 하루 품을 빌려 이른 봄에 옮겨온 소나무,
뜬금없이 올라온 호박 넝쿨이 솔가지를 덮쳐갔다
일개 호박 넝쿨에게 소나무를 내줄 수는 없는 일
줄기를 걷어내려다 보니 애호박 하나가 곧 익겠다
싶어, 애호박 하나만 따고 걷어내기로 맘먹었다
마침맞은 애호박 따려다 보니 넝쿨은 또 애호박을 낳고
고놈만 따내고 걷으려니 애호박은 또 애호박을 내놓는다
소나무조차 솔잎 대신 호박잎을 내다는가, 싶더니 애호
호박 넝쿨은 기어이 소나무를 잡아먹고 호박나무가
되었다
-

박성우, '애호' (부분), 시집 〈자두나무 정류장〉

권력은 시장으로 넘어갔다?
권력은 재벌에게 넘어갔다!

노무현 대통령은 "권력은 시장으로 넘어갔다"고 표현했다.
그러나 장하성 교수는 이를 빗대 "권력은 재벌에게 넘어갔
다"고 정정했다. 실제로 우리나라의 경제, 금융은 물론 법과
정치 영역에서도 재벌의 영향은 지대하다. 이번 최순실 일당
의 예산 도둑질에서도 재벌은 단순한 공범자를 넘어서 영화
〈대부〉의 콜레오네처럼 사실상 비리를 주도했다고도 표현
할 수 있다.

그렇다면 제2의 최순실을 없애고자 한다면 재벌을 어떻게 개혁해야 할까? 개혁 방향을 논하기에 앞서 재벌의 실체를 먼저 파악해야 한다. 그런데 재벌은 우리에게 '공기'처럼 자연스럽다. 먹고, 입고, 잠자는 생활양식부터 우리의 생각, 가치관까지 영향을 미치지 않는 부분이 없기 때문이다. 너무 자연스러워 인식하기 어려운 존재는 '낯설게 하기'를 통해 객관적으로 파악해야 할 필요가 있다.

재벌의 3가지 오해,
최순실 일당과 재벌과의
관계 파악 위한 키워드

최순실 일당과 재벌과의 관계를 제대로 파악하려면 다음 3가지 오해를 풀어야 한다.

첫째,
이재용은 삼성의 오너?
삼성은 이재용 것일까?

보통 언론에서 이재용 등 재벌 총수를 '오너', 또는 오너 경영인이라고 표현한다. 그러나 이재용은 삼성의 오너가 아니다. 이재용은 삼성그룹 주식의 약 2%만 가지고 있는 소수 주주에 불과하다.

둘째,
재벌은 항상 규제 철폐를 좋아하는
자유주의 신봉자?

"재벌은 탐욕이 문제인 것 같다. 체급이 다른 재벌이 너무 탐욕을 부리다 보니 '규제 철폐'를 외친다. '규제 철폐'를 외치는 재벌이 자유주의 이념에는 맞는 것 같다. 그러나 체급이 약한 중소기업은 좀 보호해줄 필요가 있어 보인다."라고 생각하면 이는 오해다.

조지 스티글러(G Stigler)에 따르면 기업은 규제 완화에 대해 이중적 모습을 보인다고 한다. 자신들에게 불필요한 규제는 철폐를 바라는 것처럼 보이지만 사실상 진입장벽 등 자신들에 필요한 규제는 적극적으로 주장한다고 한다. 특히, 우리나라 재벌은 약한 상대 앞에서는 규제 완화를 주장하지만, 재벌 총수의 권한을 강화할 수 있는 규제는 적극 옹호한다. 우리나라 재벌 총수는 주식 대부분을 보유한 '오너'도 아닌데 어떻게 전체 기업집단을 '오너'처럼 부리고 있을까? 이는 재벌 총수를 보호하는 특권적인 규제의 혜택을 누리고 있기 때문이다.

체급이 작은 기업을 보호해주지 못하는 것이 문제가 아니다. 오히려 체급이 가장 큰 재벌 총수에게 주는 특혜를 없애는 것이 급선무다.

셋째,

삼성의 이익은 이재용의 이익?

삼성은 이재용 것이니 삼성의 이익은 이재용의 이익일 것 같다. 그러나 재벌 총수의 이익과 재벌 기업의 이익은 일치하지 않는다. 예를 들어 제일모직과 삼성물산과의 합병 과정은 오로지 이재용의 이익을 위해 삼성이라는 기업은 손해를 본 사건이다. 최순실 청문회에 참고인으로 나왔던 주진형 전 한화투자증권 사장은 "재벌 총수들이 기업가치 말씀하시는데 이분들은 기업가치 관심 없습니다. 지분과 세습에만 관심 있는 거죠"라고 표현하기도 한다.

재벌들이 최순실 일당과 결탁 이유,
소수지분으로 기업 전체 지배할 수 있는 특권을
계속 누리기 위해

결국, 재벌들이 최순실 일당과 결탁한 이유는 정상적인 자유시장 경쟁 체제에서는 소수지분만으로는 기업 전체를 지배하기 어렵기 때문이다. 정부가 재벌 총수에게 특혜를 주는 법과 제도가 꼭 필요하기 때문이다.

우리는 재벌의 새로운 비리 사실을 거의 매일 듣는다. 멀게는 사카린 밀수사건부터 최근 최순실 일당의 불법행위까지.

재벌이 정부의 예산 지원은 물론 국가의 가용자원을 사실상 독식하고 있다는 사실도 짐작하고 있다. 그런 비리 사건을 접할 때마다 우리는 분노하기는 하지만 이내 적응한다. 이내 그러려니 한다. 왜일까? 우리는 재벌이 너무 탐욕스럽다고 분노하지만, 욕심은 누구나 다 있는 것 아닐까 하는 생각도 든다. 욕하긴 하지만 부럽기도 하고 재벌이 좋으면 결과적으로 간접적이나마 우리나라 전체 경제가 좋아지지 않을까 하는 바람도 가지고 있다. 그러나 재벌 총수의 비리는 경제는 물론 기업도 해치는 일이라는 사실을 인식해야 한다.

첫 번째 재벌 개혁 방안 :
사법처벌 엄벌

정경유착의 비리를 막을 수 있는 가장 좋은 방식은 기업인의 범죄를 엄단하는 것이다. 분식회계, 횡령, 배임들의 기업 범죄를 저지르는 기업인은 기업에 가장 큰 해악을 끼치는 범죄행위다. 기업인이 범죄를 엄단하는 것은 반기업적 정서가 아니다. 재벌 총수보다 기업을 더 위하고, 기업보다는 시장을 더 위하는 자유주의자라면 추구해야 할 가치이다.

기업인의 범죄행위에 감경이 아니라 가중처벌을 원칙으로 해야 한다. 또한, 사회 통합 차원에서 기업인 사면이 자주 이루어진다. 그러나 기업인 사면은 오히려 사회통합을 해치는 일임을 인식해야 한다.

두 번째 재벌 개혁 방안 :

재벌 지배 구조 개선

이미 20대 국회에 기업 지배 구조를 개선할 수 있는 상법 개정안이 발의되어 계류 중이다. 상법 개정안에는 다중대표소송, 집중투표제, 감사위원 분리선출 등 지배 구조를 개선할 수 있는 좋은 방안들이 포함되어 있다. 이번 최순실 사건을 타산지석으로 하여 상법 개정안이 통과되어야 한다.

또한, 소수지분만으로 기업 전체를 지배하는 특혜는 사라져야 한다. 예를 들어 삼성생명의 지분 가치를 시장 가격이 아닌 취득가격으로 평가하는 꼼수를 통해 이재용 씨가 삼성그룹 전체 기업을 지배하는 특혜는 지속되어서는 안 된다.

중기적으로는 만약 재벌그룹이 구조조정본부의 기능을 실질적으로 없앨 수 없다면, 각 재벌그룹들 전체를 총괄하는 구조조정본부를 법적으로 공식화시키는 것도 기업지배구조를 투명하게 할 수 있는 방법이다. 각 개별 기업들이 갹출한 자원으로 편법적으로 유지되는 구조조정본부를 더 이상 지속시킬 수는 없다.

완벽하게 다 틀린 문장,

잘못된 네이밍이 만든 잘못된 개념

"한 달 연봉 2억 vs 무기징역 3년 어떤 게 더 낳나요?"

어느 인터넷 유머 게시판에 '완벽하게 다 틀린 문장'이라고 올라온 글이다. 어느 네티즌이 인터넷 게시판에 올린 아주 짧은 글이다. 그런데 이 짧은 글은 모든 부분이 그야말로 완벽하게 다 틀린 문장이다. 우선 '한 달 연봉'이란 말은 존재할 수 없다. 연봉이라는 말은 일 년 총수입을 뜻하기 때문이다. 그리고 '무기징역 3년'이라는 것도 이해할 수 없다. 무기징역은 말 그대로 기한이 없어야 한다. 그리고 낳긴 뭘 낳아야 할까?

"재벌 오너의 경영권이…"

뉴스를 보면 "재벌 오너의 경영권이…"라는 표현이 가끔 나온다. 그러나 이 짧은 표현도 완벽하게 다 틀린 문장이다. 우선 경영권이라는 말은 사실 존재하지 않는 개념이다. 경영을 할 수 있는 권리(right)라는 것은 사실 존재하지도, 성립할 수도 없는 말이다. 지배력(control)이라고 표현하는 것이 옳다. 지배력이라는 단어는 개념과 네이밍이 일치한다. 그러나 경영권이라는 단어를 쓰면 무언가 보호를 받아야 할 권리 같은 잘못된 뉘앙스가 풍긴다. 오너(owner)라는 말은 사실상 '오보'에 가깝다. 우리나라 재벌 총수들의 주식 지분 비율은 1% ~5% 정도 밖에 안 된다. 그래서 절대로 재벌 총수는 '오너'가 아니다. 팩트가 틀리다. 그냥 재벌 총수가 맞는 표현이다. 지배주주라고 표현해도 괜찮을 때도 있지만 특정 법인의 주식을 단 한주도 가지고 있지 않은 재벌 총수도 많이 있으니(주주조차 아닌 경우가 있으니) 지배주주라는 표현도 잘못될 확률도 제법 많다.

재벌이라는 네이밍은 오해가 많은 표현이다. 재벌은 영어로도 'chaebol'이라는 사실은 잘 알려졌다. 우리나라에만 있는 독특한 구조기 때문이다. 그런데 문제는 재벌이라는 표현이 '재벌 회사'를 지칭할 때도 있지만 '재벌 총수'를 동시에 지칭한다는 점이다. 언중들이 워낙 현명해서 재벌 회사와 재벌 총수는 사실상 동일하다는 현상을 반영해서 만들어진 말이다. 그러나 언어라는 것은 한 번 만들어지면 그러한 현상을 지속시키는 경향이 있다는 점이 문제다.

재벌 기업에 해를 끼치는 재벌 총수를 규제하자고 하자는 정책은 논리적으로 반재벌 총수이자 친재벌 기업이다. 그런데 불행하게도 재벌이라는 말이 총수와 기업 모두를 가리키다보니 개념이 혼돈되어서 '기업을 위해 재벌 총수를 규제'하자고 말하면 반기업주의자가 되는 안타까운 개념 오류가 벌어진다. 재벌 총수와 재벌 기업은 다르다고 아무리 주장해봐야 재벌이라는 네이밍 때문에 개념이 꼬여버려서 참 바꾸기 어렵다.

세 줄 요약 :

경영권이라는 말은 쓰지 말고 이제 지배력이라고 쓰자
오너라는 말은 쓰지 말고 이제 재벌 총수라고 쓰자
재벌이라는 말은 쓰지 말고 '재벌 기업'또는 '재벌 총수'라고 분리해서 쓰자

우리들의
'깨진 유리창'
없애기 :

전문가 및
시민참여 강화하여
제2의 최순실
없애는 방법

투명성, 책임성 등을 강화하는 좋은 제도를 만들어도 그 제도가 제대로 활용되지 않으면 의미 없다. 이는 참여와 협치를 통해 실질적인 개혁이 담보되고 지속 가능성을 확보할 수 있다.

1   납세자 소송제도 도입

영화 〈살인의 추억〉에서 피해자는 있는데 가해자는 없는 일이 벌어진다. 영화 엔딩씬에서 무언가 떠오른 듯하지만 허탈한, 알 듯 모를 듯한 느낌의 형사(宋康昊 役) 표정이 깊은 인상을 주었다. 사실 피해자는 있지만, 가해자는 없는 일은 자주 일어난다. 가해자가 누군지 특정할 수 없거나 밝혀지지 않은 피해자도 있게 마련이다. 가해자가 없어 배상받을 길이 없는 피해자가 발생하면 참 안타깝다.

그런데 가해자는 있지만, 피해자가 없는 일이 있을까? 가해라는 것은 누구에게 피해를 주었다는 의미다. 논리적으로 보면 가해자가 있으면 피해자는 반드시 존재할 수밖에 없다. 예를 들어 국가가 예산 집행을 잘못해서 아까운 세금을 낭비하면 누가 가해자고 누가 피해자일까. 쉬운 문제처럼 보인다. 가해자는 예산을 잘못 집행한 자다. 피해자는 물론 세금을 낸 국민이다.

그런데 우리나라 법은 이렇게 쉬운 문제를 풀지 못하고 있다. 이명박 정부가 추진한 캐나다 석유생산회사 하베스트사건 인수 사건을 예를 들어보자. 지난 2009년 한국석유공사는 하베스트인수 금액을 단 3일 검토 후 시세보다 3,133억 원 높은 가격으로 인수했다. 이로 인해 석유공사에 무려 1조 3,000억 원대 손실이 발생하였다. 피해자는 석유공사의 손실을 대신 떠안은 국민이다. 그리고 가해자는 하베스트를 비싸게 인수한 당시 한국석유공사 사장과 경영진이라고 생각하는 것은 당연하다.

그러나 우리나라 법원은 이 상식을 인정하지 않는다. 현재 민사소송법으로는 우리나라 국민이 손해배상 소송을 할 수가 없다는 얘기다. 우리나라는 납세자 소송 제도가 없어 실제로 피해 입은 납세자를 민사소송법상 원고 자격으로 인정해 주지 않기 때문이다. 법치국가에서 실질적 피해자에게 손해배상할 수 있는 법적 권리를 인정해 주지 않고 피해 구제를 방치한다는 것은 참 이상한 일이다.

납세자 소송은 예산 낭비를 방지해줄 수 있는 효과적인 수단이다. 납세자 소송이 활발한 미국은 지난 2011년까지 약 20조 원을 환수했다고 한다. 소송 참여자에게 아낀 예산 일부를 포상금으로 주니 내부고발자의 이익을 증대한다.

관료의 은밀한 예산 낭비를 지적하려면 내부고발자가 필요하다. 그리고 명예뿐만 아니라 경제적 보상이 뒤따라야 내부고발자가 나올 수 있다.

예산사업은 특정 부서와 사업에 한정되지 않고 전 분야 전 부처를 아울러서 통계화되고 평가된다. 이에 각 분야 이해당사자, 시민사회, 전문가의 참여가 필수적이다.

행정부의 예산집행을 국회가 예산심의와 결산심사를 통해 견제할 수단이 있다. 마찬가지로 국회의 예산 심의와 심사는 전문가 및 시민이 감시해야 한다. 국회는 태생적으로 행정부를 견제하는 역할과 동시에 자신의 지역구 이기주의에 빠질 가능성이 높기 때문이다. 그런 의미에서 예산감시는 지역구 주민의 정치적 책임을 묻는 것으로 그쳐서는 안 된다. 지역구 주민 역시 국회의원과 같은 이해관계를 지녔기 때문이다.

이에 전문가 및 시민이 참여하는 예산감시 기능을 강화해야 한다. 전문가와 시민이 적극적으로 참여할 수 있는 가장 좋은 도구는 '예산의 투명성 확보'다. 기술한 대로 예산 자료를 통합적으로, 완전하게 공개해야 공개된 예산 자료가 정보성을 획득할 수 있다. 방대한 예산정보의 바다에 자료를 흩뜨려 놓는 것은 실질적으로는 공개한 것이 아니다.

또한, 정부와 지자체는 전문가, 시민사회의 참여 방안을 마련해야 한다. 참여 예산 제도, 재정진단, 간담회 등을 더욱 확대해야 한다. 신뢰는 쌓이기는 어렵지만 한순간에 깨질 수 있다는 사실을 항상 염두에 두어야 한다.

1 2016.11.8.채널A

2 2016.11.18. 채널A

3 2016.11.6. SBS 뉴스

4 2016.11.2. 조선일보

5 2016.11.24. 이데일리

6 2016.11.3.. 연합뉴스TV

7 2016.10.29. 경향신문

8 2016.10.4. 한겨레신문

9 2016.11.6.. 연합뉴스

10 2016.11.5. 채널A

11 2016.11.1. 뉴스1

12 2016.11.5. 채널A

13 2916.11.6. 중앙일보

14 2016.11.21. SBS

15 2016.10.30. KBS

16 2016.11.6. 머니투데이

17 2016.11.2. 경향신문

18 2016, 박근혜.최순실 게이트의 실상 – 이것이 나라냐 (더불어민주당)

19 2016, 박근혜.최순실 게이트의 실상 – 이것이 나라냐 (더불어민주당)

20 2016, 박근혜.최순실 게이트의 실상 – 이것이 나라냐 (더불어민주당)

21 2016, 박근혜.최순실 게이트의 실상 – 이것이 나라냐 (더불어민주당)

22 2016, 박근혜.최순실 게이트의 실상 – 이것이 나라냐 (더불어민주당)

23 2016, 박근혜.최순실 게이트의 실상 – 이것이 나라냐 (더불어민주당)

24 2016, 박근혜.최순실 게이트의 실상 – 이것이 나라냐 (더불어민주당)

25 2016, 박근혜.최순실 게이트의 실상 – 이것이 나라냐 (더불어민주당)

26 2016, 박근혜.최순실 게이트의 실상 – 이것이 나라냐 (더불어민주당)

27 2016.11.10. YTN

28 2016.10.27. 경향신문

29 2016.11.15. 동아일보

30 2016.11.11. 뉴스1

31 2016.10.12. 머니투데이

32 2016.10.26. 채널A

33 2016.10.1. 한국일보

34 2016.11.17. JTBC

35 2016.11.21. 머니투데이

36 2016.10.31. TV조선

37 2016.11.20. MBC

38 2016.10.7. 일요신문

39 http://soda.donga.com/Main/3/all/37/796381/1

40 2016.10.6. 한겨레신문

41 2016.10.11. JTBC

42 2016.10.11. JTBC

43 2016.11.1. 헤럴드경제

44 각 부처는 매년 5월부터 기획재정부에 '예산요구서'를 보낸다. 각 부처가 이러저러한 사업을 하려면 예산이 이만큼 필요하니 기획재정부가 작성하는 정부 예산안에 반영해달라고 요청하는 자료다. 기획재정부의 동의를 끌어내야 하니 제법 자세하다. 기획재정부가 각 정부부처와 조정이 끝나면 정부 예산안이 확정되고 이를 국회에 제출한다. 확정된 정부예산안에 있는 각 사업을 설명하는 용도로 국회에 제출하는 '사업설명자료'는 기존 '예산요구서'에 기획재정부 협의를 거쳐 확정된 수치를 더해 만들어진다.

45 연합뉴스. 2016.10.28. 김경협 "최순실 근무 한국문화재단 출신들 각종 정부사업 개입"

46 2016.11.10. 검찰 특별수사본부 (본부장 이영렬 서울중앙지검장). 차은택 조사과정 진술 내용 공개

47 문체부는 차은택으로부터 받은 바 없다고 해명하였다.(2016.10. 29)

48 연합뉴스. 2016.11.1. '뉴욕·파리문화원장 인사에도 차은택 손길 어른거렸다'

49 TV조선에서 공개한 최순실의 'TRUE

KOREA 실행을 위한 보고서' 中

49 Virtual Reality의 준말, 가상현실

50 뉴스타파는 2012년 대선 당시 마씨가
   당시 박근혜 캠프 영상촬영 업무를 한
   사람과 동일임을 밝혀내 폭로하기도
   했다.

51 미디어오늘. 2016.10.14. '박근혜 대통령
   왜 한복 자꾸 바꿔입나 했더니'

52 연합뉴스. 2016.11.7. 청와대가 '누슬리
   검토' 지시… 거부한 조양호 위원장
   경질됐나 - 김종 전 차관은 청와대의
   지시를 받고 이를 평창올림픽 조직위에
   전달했다고 답했다.

53 경향신문. 2016.11.30. 검찰 "김종 전
   차관도 최순실에 이권 주려 정부
   비밀 유출"

54 TV조선. 2016.10.25. 김종 차관,
   최순실 씨에게 현안보고 인사청탁

55 YTN. 2014.12.5. '강지원의 뉴스!
   정면승부'

56 뉴시스. 2016.11.4. '김종 전 차관 체육계
   '쥐락펴락'하는 사이
   최순실 일가 '사리사욕'

57 2013년부터 2015년까지는 결산기준,
   2016년은 당초예산, 2017년은 정부안

58 한겨레. 2016.11.10. 케이토토 둘러싼
   김종의 수상한 행보/
   노컷뉴스. 2016.11.25.
   김종, 스포츠토토 사업권도 노렸나

59 2016.11.14. KBS뉴스, '올해 2월에도
   5개 기업 총수 독대'

60 2016.11.14. KBS뉴스, '올해 2월에도
   5개 기업 총수 독대'

61 YTN. 2016.11.7. '더블루K, 포스코에
   배드민턴팀 창단비 과도하게 요구'

62 2016.11.7. 동아일보. '정부 60억
   스포츠도시 계획 최순실안과 판박이'

63 2016.11.19. 경향신문.
   '특혜 들통날까 '사업명칭 세탁?'

64 2016.11.7. 동아일보. '정부 60억
   스포츠도시 계획 최순실안과 판박이'

65 KBS뉴스. 2016.11.11. '김 종 前 차관,
   K-스포츠재단 사업 개입 지시 의혹'

66 KBS뉴스. 2016.11.11. '김 종 前 차관,
   K-스포츠재단 사업 개입 지시 의혹'

67 KBS뉴스. 2016.11.11. '김 종 前 차관,
   K-스포츠재단 사업 개입 지시 의혹'

68 2016년 8월 4일 시행,
   스포츠산업 진흥법 [법률 제13967호,
   2016.2.3. 전부개정]

최순실과 예산 도둑들

발행일 : 초판 1쇄 발행 2016년 12월 25일

지은이 : 정창수, 이승주, 이상민, 이왕재 / 펴낸이 : 손정욱
마케팅 : 라혜정·홍슬기·박경혜 / 관리 : 김윤미
디자인 : PL13

펴낸곳 : 도서출판 답
       출판등록 – 2015년 2월 25일 제 312-2015-000063호
       주소 – 서울시 마포구 포은로 56, 2층
       전화 – 02-324-8220 / 팩스 – 02-3141-4934

       이 도서는 도서출판 답이 저작권자와의 계약에 따라 발행한
       것이므로 도서의 내용을 이용하시려면 반드시 저자와 본사의
       서면동의를 받아야 합니다.

       이 도서의 국립중앙도서관 출판예정도서목록(CIP)은
       서지정보유통지원시스템 홈페이지(http://seoji.nl.go.kr)와
       국가자료공동목록시스템(http://www.nl.go.kr/kolisnet)에서
       이용하실 수 있습니다.

       ISBN 979-11-87229-07-0 03300

값 : 13,000원